数字经济时代的金融创新模式研究

陈 琦 李骐羽 刘蕴如 ◎著

北京燕山出版社
BEIJING YANSHAN PRESS

图书在版编目（CIP）数据

数字经济时代的金融创新模式研究 / 陈琦，李骐羽，
刘蕴如著.—北京 ： 北京燕山出版社，2023.11
ISBN 978-7-5402-7068-1

Ⅰ．①数… Ⅱ．①陈… ②李… ③刘… Ⅲ．①数字技
术－应用－金融业－研究－中国 Ⅳ．①F832-39

中国国家版本馆 CIP 数据核字（2023）第 190809 号

数字经济时代的金融创新模式研究

作　　者	陈　琦　李骐羽　刘蕴如	
责任编辑	王　　迪	
出版发行	北京燕山出版社有限公司	
社　　址	北京市西城区椿树街道琉璃厂西街20号	
电　　话	010-65240430	
邮　　编	100052	
印　　刷	北京四海锦诚印刷技术有限公司	
开　　本	787mm×1092mm　1/16	
字　　数	195千字	
印　　张	10.5	
版　　次	2024 年 4 月第 1 版	
印　　次	2024 年 4 月第 1 次印刷	
定　　价	78.00 元	

作者简介

陈琦，女，硕士研究生，以工商管理和项目管理为专业方向，就职国有企业云南省投资控股集团有限公司近 20 年。一直以严谨科学的态度，坚持对经济方法论、基本原理学习研究，对宏微观形势下的国有企业深化改革发展过程深入观察，认真参与实践，参与战略与企业文化研究，转型发展中的风险管控体系建设，企业法人治理结构研究，"三重一大"议事规则构架，三项制度改革，具体项目立项。其中既有对经济基本规律的再认识，也有对经济基础理论指导实践的逻辑总结。希望以文字的方式引起大家的关注和共同讨论。

李骐羽，女，硕士研究生，毕业于宁波诺丁汉大学金融与投资学专业，获得理学硕士一等学位，曾为大公国际资信评估有限公司分析师、海通期货股份有限公司期权经纪管理、平安国际融资租赁有限公司战略渠道部项目经理，现就职于郑州职业技术学院。擅长金融理论与实践相结合，持续深耕前沿金融学和经济学等领域。

刘蕴如，女，毕业于中国科学院大学工商管理专业（金融方向），硕士研究生学历，现就职于粤开证券股份有限公司北京分公司。国际注册内部审计师、国际反洗钱师、中级审计师。从事合规管理工作，主要研究方向为证券合规管理、反洗钱、区块链和数字经济。先后在《投资与合作》《中国市场》等期刊上发表多篇论文，合作编著《通证学》一书。

前　言

　　数字经济是指以使用数字化的知识和信息作为关键生产要素、以现代信息网络为重要载体、以信息通信技术的有效使用为效率提升和经济结构优化的重要推动力的一系列经济活动。发展数字经济，就是要抓好大数据、互联网、云计算、人工智能等新一代信息技术与传统产业的深度融合，从而催生一系列的新技术、新产品、新产业、新业态和新模式，促进经济的发展。近年来，数字经济增长迅速，特别是随着大数据、云计算、物联网、人工智能、区块链等数字技术的兴起并逐渐向传统领域渗透，数字经济已经进一步升级到以数据为生产要素、以现代互联网与数字平台为重要载体，不断驱动传统产业数字化、平台化、普惠化发展的数字经济时代。目前，数字经济逐渐成为全球经济增长的重要动力与主要内容，并在经济社会各领域得到更加迅速、更加广泛的渗透应用，从而催生出以数字经济为代表的新一轮产业变革，这也必将推动产业界甚至全社会向数字化转型，数字经济也终将成为全球经济发展的主线与新动能。

　　本书从数字经济基础理论入手，针对互联网供应链金融创新模式、互联网金融众筹创新模式以及互联网金融商业银行模式创新进行了分析研究；对战略性新兴产业发展的科技金融创新模式、互联网金融与中小企业融资模式创新做了一定的介绍；还对互联网金融多元化发展模式及数字经济时代的互联网金融创新发展做了简要分析；旨在摸索出一条适合数字经济时代的金融工作的科学道路，帮助其工作者在应用中少走弯路，运用科学方法，提高效率。

　　在本书的写作过程中，参阅、借鉴和引用了国内外许多同行的观点和成果。各位同人的研究奠定了本书的学术基础，对数字经济时代的金融创新模式的展开提供了理论基础，在此一并感谢。另外，受水平和时间所限，书中难免有疏漏和不当之处，敬请读者批评指正。

目　录

第一章 数字经济基础理论

第一节 数字经济学的概念及框架

一、数字经济学的相关概念

（一）数字经济相关概念辨析

1.网络经济

数字经济学是在网络经济学的基础上发展起来的，首先对网络经济的概念做一解析。不同学者对网络经济的概念认识也没有完全统一，都是从不同的角度对之加以解释，具体有如下七种：

（1）服务网络经济

20世纪80年代，有学者认为服务业中的商业、运输业、金融业等均因有相应的网络而发展起来，所以就把服务经济称为网络经济。

（2）基础设施网络经济

由于电信、电力、铁路、公路、航空等基础设施行业有着相应的运营网络，共同具有"网络式"的结构特征与外部性的经济特征，所以基础设施行业也具有网络经济的特征。

（3）计算机网络经济

计算机网络经济包括与计算机网络相关的成本核算、收费标准等问题的研究；后来又扩展到以计算机网络为核心的信息产业群，包括相关的软硬件开发、网络体系建设以及广播电视及相关制造业。

（4）互联网经济

网络经济是指与信息经济密切相关的互联网经济，是指经济社会环节须借助互联网技术及与之相关的软硬件才能完成社会再生产循环的经济。

（5）从企业运行层面看

网络经济是建立在信息化基础上，企业利用与依托信息网络整合资源，进行动态商务与管理活动产生的经济；有的学者认为网络经济主要研究的是网络形式的社会生产与交换方式组织起来后，人与人经济关系的变化。

（6）从宏观经济形态看

网络经济属于信息经济、知识经济、新经济与数字经济；从产业发展看，网络经济是与电子商务活动息息相关的网络产业经济；从消费与投资的微观层面看，网络经济就是网络虚拟市场。

（7）信息经济、数字化经济

随着互联网的广泛运用，信息逐渐替代资本在经济发展过程中的主导地位，并发展成为核心经济资源的全球化经济形态。

总之，网络经济具体内容包括网络基础设施、基础运用、中介服务及网上商务等经济活动，其本质属性是电子网络的联结性。网络经济的概念有狭义和广义之分。从狭义上来讲，网络经济就是与计算机网络或互联网有关的经济，是以信息技术产业和信息服务业为主导产业的经济。从广义上来讲，网络经济是区别于传统农业经济与工业经济的一种新的经济形态。从宏观层面经济形态看，网络经济就是依托互联网的互联网经济、信息经济、知识经济与数字经济；从中观层面产业内涵看，网络经济就是从服务业扩展到制造业，从物流、金融、电力、公路等基础设施行业，过渡到计算机行业再到以计算机网络为核心的信息产业群，包括相关产品的制造及与之有关的服务；从微观经济活动看，网络经济就是在网络虚拟市场上，依托与利用网络资源进行的动态商务和管理活动及人与人的经济关系。

2. 新经济

新经济主要是指 20 世纪 90 年代美国出现的长达 118 个月经济高增长，通货膨胀率和失业率双低的一高两低新特点的经济。新经济是以信息技术革命为基础，实现产业结构优化的全球经济。新经济侧重于宏观经济发展新阶段、新形态，包括信息经济、知识经济与网络经济等。

3. 信息经济与知识经济

20 世纪末期，OECD（Organization for Economic Cooperation and Development，经济合作与发展组织）提出，知识经济是依赖于知识的传播、应用与创新，以知识为主要生产要素和驱动增长的基础，涉及知识和信息的生产、分配、交换和消费的经济。而信息经济是指以现代信息技术为物质基础，以信息产业为主导产业，同时促进传统农业、工业信息化改造的，基于信息与知识的一种新型经济。知识经济和信息经济都强调信息与知识作为主要生产要素在经济发展中的重要地位。

但也有观点认为信息经济是指信息收集、传输、存储、加工的信息产业的综合，而知识经济是现代教育、研发等知识产业的综合，二者有重合的部分，但又不完全相同，如计算机制造业同属于信息经济与知识经济的范畴，但现代教育属于知识经济而不属于信息经济范畴。经过加工整理的有序数据才会成为信息，经过浓缩与提炼的系统化信息才会称作知识。知识经济以信息经济为基础，属于信息经济发展的高级阶段，所以，知识经济属于信息经济范畴，信息经济不一定属于知识经济。

4.网络经济与数字经济

（1）网络经济与数字经济的联系

网络经济是以现代信息网络为载体，以信息技术为根本动力，以知识和信息为核心生产要素的经济形态。数字经济也是以现代信息网络为载体，以工业互联网平台为依托，以数字技术为根本动力，以富含知识和信息的数据为核心生产要素，促进经济效率提升与经济结构优化升级的一系列经济活动。

在网络上交易的产品要么是信息产品，要么是经过数字编码后才能网上交易的实物产品，所以，网络经济的核心是通过网络生产、交易和传输的数字化编码产品，故也把网络经济称作数字经济。美国政府发布的数字经济报告认为，数字经济是信息、知识和技术驱动引发的经济转型及社会影响，主要包括电子商务及信息产业两方面，大致和网络经济内容相当，但与网络经济相比，数字经济强调信息技术的数字化所带来的效率提升和经济转型。

（2）网络经济与数字经济的区别

网络经济更强调信息技术与经济的网络化特征及效应，但从国民经济构成与主导产业来看，网络经济以信息产业为主导，就是信息经济，侧重于信息技术和信息资源在经济中的重要性；从经济活动的知识与技术含量来看，网络经济以信息和知识为主要生产要素，又属于知识经济，侧重于知识与高技术在经济发展中的作用；从区别于传统经济的特征与规律的角度看，网络经济又属于新经济；从驱动经济活动的根本动力来看，网络经济依托具有数字化特征的现代信息技术，属于数字经济，突出的是新经济的数字化特征。

网络经济、信息经济是以互联网络和信息技术的使用为中心，减少不可再生资源的利用，增加利用可再生的信息资源，小批量、定制化地生产多样性的信息商品；借助信息技术，信息收集、传递、存储、加工的速度越来越快，不仅可以更准确地反映市场需求的动态变化与发展方向，甚至人们的生活方式、社会连接方式也发生了根本变化。数字经济是以大数据、云计算等数字技术的使用为中心，主要依靠可再生资源，以富含知识和信息的数据为主要生产要素，大批量、定制化、柔性化地生产多样化的数字商品。移动互联、大数据、云计算、人工智能等数字技术为生产者、消费者提供了一个便捷、低成本的生产与交易场所，经济主体可以借助数字技术平台充分把握市场信息，精准生产多样化的产品与服务、购买更加适合自己需求的个性化产品以及物美价廉的新服务。另外，数字技术使社会变得更加透明，信息传播更加快捷、畅通，使传统经济下的信息不对称现象大为改观,从而使消费者主权得以充分体现,可以认为数字经济是信息经济、网络经济的高级阶段。

另外,使用知识经济和信息经济的叫法无法体现新经济的特征,因为传统经济中知识和信息也在发挥作用;而使用网络经济这一叫法也无法准确体现新经济的特征,因为传统经济也存在网络的成分,但如果使用数字经济,通过数字化方式订购、生产、传递、交易的经济更容易与传统经济区分开来。

(二)数字经济与传统经济的联系和区别

1. 数字经济与传统经济的联系

一方面,传统经济的高度发展为数字经济的产生提供了物质基础。数字经济同时也是传统农业经济与工业经济下大批量、标准化的供给不能满足消费者多样化、个性化需求的必然结果。但是,数字经济不可能完全替代传统经济,数字经济的发展需要传统经济的物质、人才和市场支持,没有传统经济,数字经济就会成为空中楼阁。

另一方面,传统经济的革新需要以信息与数字技术为核心的数字经济和电子商务的促进与带动。随着数字技术的不断进步与大规模应用,数字经济也不断向传统工业经济渗透,从而大大降低了传统经济的成本,提升了传统经济的效率与活力。例如,大数据、云计算、移动互联、人工智能、3D(three dimensional,三维)打印技术的大规模运用,平台经济体的出现,使信息传播更加及时、企业组织边界逐渐消失、管理结构更加扁平、交易更加便捷、生产和交易效率更高、市场经济环境更加良好。可见,数字经济不断向传统经济领域渗透,有助于提升传统经济的效率,促进传统经济不断创新。而传统经济的创新也需要数字经济的促进和带动,传统经济也离不开数字经济。

由此可见,传统农业和工业经济所积累的巨大物质基础与生产力,正被人类用于建设一个崭新的数字经济社会,而未来经济社会的主流将是数字技术、数字产品、数字市场、数字生活和数字世界。

2. 数字经济与传统经济的区别

(1)生产方式与生产资料的差异

不同的经济时代的区别不在于生产什么产品,而主要在于怎样生产以及用什么劳动资料生产,也即生产方式与生产资料的不同是不同经济形态的主要区别。

数字经济与农业经济、工业经济、信息经济相比,主要区别在于生产过程中信息传播与处理方式、生产方式和生产资料不同。农业经济时代,农业劳动者主要依靠农业生产工具,以土地为主要生产要素生产农产品;工业经济时代是以大量工业机器为中心,利用各种不可再生资源进行大批量、标准化的工业生产产品;数字经济时代是以数字技术的使用为中心,借助数字化、智能化数字平台,主要依靠可再生资源,以富含知识和信息的数据为主要生产要素,大批量、定制化、柔性化地生产多样化的数字商品,不仅能更准确地反映当下的市场需求，而且能精准地预测未来需求，还能依据需求，柔性地调节供给，使供求关系更加均衡。

农业经济时代，农产品直接进入市场交易，没有中间环节；工业经济时代，分工的不断细化促进了大规模专业化的生产，生产者生产的产品经历重重交易才能到达消费者手中，传统商业把时空阻隔的生产者和消费者连接起来，但交易成本比较大；而信息技术与互联网络的兴起为中间层层经销商、代理商的沟通提供了便利，也降低了从生产到消费的交易成本；数字经济时代，消费者与生产者不存在任何阻隔，甚至消费者可参与生产的全过程，生产出来的产品可直达消费者，甚至生产者可以通过精准营销刺激需求直接获得消费者。

（2）生产过程的差异

在传统农业经济与工业经济中，人们只是为了提高其物质生产水平，才需要获取与生产相关的信息，而数字经济则完全不同，数字经济不仅以数字产业化为主要内容，还要逐渐实现传统产业的数字化，增加更多重要的内容，因而出现了专门为了数据与信息获取而进行相关经营活动的企业，如大数据企业、云计算平台等，这些企业的经济活动模式、类型和行业规则与传统农业经济和工业经济完全不同，整个企业都是围绕信息与数据运转，相关活动与规则也是围绕数据采集、过滤、加工、分析制定，离传统农业经济和工业经济下物质生产活动与规则越来越远。

（3）收入分配机制的差异

数字经济的发展使人们逐步认识到富含知识与信息的数据在社会经济生活中的地位，人们的注意力被逐步引导到信息、技术、创新、科技等这些直接关系到社会进步的数据与知识上来。传统经济下的劳动与资本生产要素之间的关系也将发生改变，整个社会的分配体制将受到冲击。数字经济下的劳动不同于传统农业经济与工业经济下的劳动，知识也将成为一种重要的资本要素，劳动与资本等相关要素都需要重新定义，到底是按知识分配还是按劳分配更合理，对传统的按劳分配理论也从根本上提出了挑战。

二、数字经济学的基本框架

（一）数字经济学相关概念的界定

1. 网络经济学

20世纪80年代出现的所谓网络经济学，属于通信经济学范畴，主要研究的是网络经济条件下稀缺资源的优化配置及接入或互联政策的制定问题。其中对接入的定价问题研究，即对接入的某种资产的使用确定成本的合理分配和费用的准确计算，从而在建立起有效定价机制的同时最大限度地减少交易成本，以实现资源的优化配置，成为最核心的问题之一。例如，电厂生产的电必须通过电网进行传输才能作为商品卖给消费者，在电信业中互联问题表现得更普遍。此外，另一个重要的问题就是由于网络行业本身的技术特征和网络外部性的经济特征的存在，网络行业存在规模经济和自然垄断的倾向，因此，如何引入激励机制和竞争机制反垄断也成为经济学家研究的重要问题。对网络经济学的相关研究是以网络经济学为出发点，但是，很显然研究内容超越了网络产业本身而将研究的重点集中在从网络本身所具有的物理性质出发，讨论具有网络物理形态和外部性经济特征的一切经济问题。因此，后来关于网络经济学的研究在很大程度上转化为数字经济学的范畴，国外也将网络经济学称为数字经济学。

2. 互联网经济学

20 世纪 90 年代以来，随着计算机网络逐渐向互联网发展，许多经济学家逐渐认为在互联网以惊人的速度不断扩展到全球各个角落的时候，将关于互联网资源的优化配置、提高互联网投资获利能力、促进互联网发展的相关政策等方面的讨论继续放在铁路、公路、航空、电力等传统网络产业生产部门的框架内进行研究已经不合时宜了，为了适应互联网和网络经济迅速发展的步伐，互联网经济学作为一门新的学科便发展起来了，其研究的目的主要是实现对互联网中"云"的解释。

然而，互联网经济学与网络经济学的研究内容是存在差异的。经济学界认为，虽然从互联网经济学的主要研究内容看，互联网与其他的铁路、公路、电力等基础设施网络与电信通信等通信网络类似，作为现代社会物质与信息传输的媒介都具有网络属性及外部性等经济特征，甚至认为互联网经济学实际上属于网络经济学或通信经济学的一个分支，但是互联网的迅猛发展对整个经济社会体系、经济社会的运行结构及运行方式的影响要远大于其他公路、铁路、电力、通信等基础设施网络。例如，在互联网经济下现代信息网络对资源的优化配置作用将逐渐加强，制造业和信息服务业在经济社会中的作用将发生位移，政府的宏观调控政策手段将变得更加透明、科学与有效等。

3. 电子商务经济学

从 20 世纪 90 年代开始，伴随着电子商务在国外的兴起与飞速发展，越来越多的经济学者开始将关注的焦点集中在电子商务上，甚至形成了电子商务经济学。不只是营销与售后服务等环节，而是包括采购、研发、设计、生产、加工、组装、派送和服务等几乎所有传统的商业活动与流程环节都可借助互联网平台，通过电子商务市场实现从生产到顾客服务的整个商业流程的电子化与数字化改造，而企业活动与相关流程的电子化与数字化又会明显地影响企业战略管理、内部组织结构、运作流程、管理方式及整个企业文化的建设，相应地，企业与上游供应商、下游消费者的关系最终也会发生彻底变革。

（二）数字经济学的产生

随着移动互联、大数据、云计算、人工智能、3D 打印等数字技术的大规模扩散应用，数字技术对资源优化配置作用将进一步加强，数字经济也将飞速发展，政府的宏观经济调控政策与手段将会变得更加透明、科学和有效，服务业也将突破时空限制，其效率将进一步提高，在经济社会生活中的作用将更加突出，整个经济社会的运行结构与发展方式也将发生更加深刻的变化。数字经济的崛起会给经济学理论体系带来什么样的影响？是否需要重建经济学理论体系？目前，理论界存在两种截然不同的观点：一种观点认为数字经济的迅猛发展，将对传统经济学进行彻底改造，需要重建一套全新的经济学理论体系；另一种观点认为数字经济学不可能彻底改造传统经济学，因为数字经济只是用数字技术武装起来的传统经济，因此，传统经济学的一般原理和分析方法仍然适用于分析数字经济中的问题。

另外，从数字经济与传统经济的关系看，也没有建立全新的经济学的必要。

一方面，互联网、大数据、云计算等数字技术确实是自古以来的最伟大的发明，它正在迅猛地改变着世界，但是从数字经济与传统经济的互动关系看，如果没有传统产业的依托与传统经济的物质基础，数字经济就无法健康发展。数字经济更不可能完全替代传统经济，因为目前看来决定一个地区或国家的经济能否健康持续发展的因素，更多还是取决于传统实物经济层面，而且数字经济发展中的许多方面都可以在传统经济中找到，如数字经济下同样是买卖双方交易的市场，只不过交易的方式更多借助数字平台，但与传统经济一样，交易过程受价格机制下的供求规律支配；数字经济下的企业同样也是以追求利润最大化为根本目的，只是更多会借助数字技术与数字平台改变原来追求利润最大化的手段和策略；数字经济下，对消费者与厂商的行为分析，借助传统经济下的经济均衡分析、边际成本与边际收益分析、产业组织相关理论和博弈论等分析工具得到的分析结果可能与传统经济会有所差异，但相关的分析方法照样适用。所以，有学者认为，尽管实物经济和传统经济可能被数字技术改造甚至被彻底突破与创新，但永远不会被颠覆与取代，因为实物经济是根，数字经济是枝和叶，只有根深，才能叶茂。

另一方面，数字经济又有自身的特点和规律，如数据爆炸式增长与摩尔定律；随着接入的节点不断增加，整个网络的价值会呈指数型增长的梅特卡夫法则；企业不主动淘汰旧产品、不持续创新就会自取灭亡的达维多定律；网络正外部性与正反馈下强者愈强、弱者愈弱的马太效应等。共享经济、范围经济、注意力经济越来越重要，传统农业与工业经济时代下的一些财政税收、金融保险与反垄断政策可能已无法适应现在的数字经济时代等。因此，目前需要解决的问题是，怎样使传统的经济学更具有解释力，以解释数字经济发展过程中出现的新现象和新问题，即迫切需要发展传统的经济学。由此可见，随着数字经济突飞猛进的发展，应该超出网络经济学、互联网经济学、电子商务经济学甚至信息经济学的范畴，建立一门能够适合数字经济发展的新的经济学，即数字经济学。因此，数字经济学作为传统经济学的一个分支应运而生了。

第二节　数字经济的内涵与特征

一、数字经济的定义与内涵

（一）数字经济的定义

数字经济，也称新经济、互联网经济、网络经济、信息经济，但数字经济的内涵要远远大于仅仅指由互联网驱动的经济活动的互联网经济。网络经济、信息经济也仅仅指数字经济发展的早期或前一阶段，即依赖信息处理技术和网络建设来驱动的信息经济发展的初级阶段，而数字经济则指的是信息经济的高级阶段。时至今日，驱动数字经济发展的已经不是固有技术本身，而是数字技术的大规模运用与不断创新。

数字经济是继农业经济与工业经济之后一种全新的经济形态，随着人们对数字经济认识的不断深化，不同时期、不同学者与机构对数字经济的定义也会存在差异。数字经济是指以使用数字化的知识和信息作为关键生产要素、以现代信息网络作为重要载体、以ICT 的有效使用作为效率提升和经济结构优化的重要推动力的一系列经济活动。

首先，从数字经济关键生产要素的角度来看，其不同于以往把土地、能源、劳动力、资本等作为农业经济与工业经济下的关键生产要素，而是把富含知识和信息的数据或数字化的知识与信息作为数字经济下的关键生产要素，从而作为一种新的技术经济范式，数字经济在基础设施、产业结构、就业结构、治理体系上与农业经济和工业经济表现出显著不同的新特点。其次，从数字经济发展的基础与载体来看，数字经济把现代信息网络与数字平台作为载体，而不单是信息初级阶段依托宽带与互联网等载体。最后，从数字经济发展的根本动力来看，云计算、大数据、物联网、人工智能、增材制造、区块链等信息通信与数字技术成为数字经济发展的根本动力。总之，数字经济以数字化的知识和信息作为关键生产要素、以现代信息网络与数字平台为重要载体，通过相关数字技术的有效应用，推动传统领域的数字化转型与升级，进而实现价值增值和效率提升。

（二）数字经济的内涵与外延

1. 数字经济的层次

数字经济结构为三个层次：软件、硬件的电子交易基础设施层；建立在网络基础设施层上的数字化商务网络与组织交易层；涵盖了从原材料、半成品运输、加工组装到制成成品出厂、销售整个过程的数字化交易产品层。

在此基础上，研究人员又把数字经济的外延扩大到第四个层次：纯数字化物品交易的网络社交和互联网搜索层。第四层次对前三个层次的发展有一定的促进作用，如网络社交助推数字基础设施水平的提升，互联网搜索也对数字化网络与数字化交易产品层的发展具有较大的推动作用。

其实，近年来新涌现出来的、接近零边际成本但已形成较大经济体量的共享单车、共享汽车、众筹、众包、短视频直播服务平台等不同形式的虚拟商品和服务，到底该归属于第三层，还是该独立成第五层，没有统一的定论。但不可否认的是，就目前数字经济的发展趋势来看，未来的数字经济一定会涌现出更多的新模式与新业态，并不断助推数字经济向更高的层次发展。

2.数字经济的具体内容

（1）数字经济超越了信息产业，概念内涵丰富

20世纪六七十年代以来，随着数字技术的飞速发展，ICT产业逐渐崛起为经济社会中创新最为活跃、成长最为迅速的战略性新兴产业部门。但随着数字技术广泛应用到经济社会各行各业，不但全要素生产率得以提升，整个经济形态也得以重塑，经济社会面貌也得到全面改造，因此，不应将数字经济简单地看作信息与数字产业。

综合多方观点，可以认为数字经济包含以下两部分：

第一部分是指数字产业化的数字经济基础部分，主要包括电子信息制造业、通信业、软件和信息技术服务业等ICT产业。其具体又分为两大类型：一是资源型数字经济，大致对应大数据、云计算等数字技术的核心业态与应用领域，主要包括数据采集、存储、分析挖掘、可视化、交换交易等；二是技术型数字经济，大致对应数字技术本身及其关联业态部分，主要包括智能终端产品硬件、软件研发等数字技术软硬件产品开发、系统集成、数字安全以及虚拟现实、可穿戴设备、3D打印、人工智能等产业领域。

第二部分是指传统产业数字化的数字经济融合部分，即数字技术对传统产业改造所带来的效率提升和产出增加的产业数字化部分，此部分在数字经济中所占比重越来越大，成为数字经济的主体部分，但这部分却更难以准确衡量。其具体也分为两类：一是融合型数字经济，这部分在生产过程中的融合特征较明显，主要指通过数字技术与一产、二产等实体经济的融合创新应用，直接推动传统产业数字化转型升级，如智慧农业、智能制造等新型业态。二是服务型数字经济，主要是指服务业与数字技术的融合、应用与创新，涌现出的新模式与新业态：一部分是指通过数字技术提升服务质量、培育服务新业态，如旅游餐饮、游戏娱乐、健康医疗等领域的线上线下整合协同；另一部分则是指通过数字技术的使用导致服务模式与服务形态的创新，甚至直接提供一种新服务，如智慧物流、互联网金融、数字化会展服务等。

（2）数字经济是一种经济社会形态，也是一种技术经济范式

数字经济是继传统的农业经济与工业经济之后的一种经济社会形态，其基本特征、运行规律、相关理论等维度与传统的农业经济和工业经济相比出现了根本性变革。所以，对数字经济的认识，也需要站在人类经济社会形态发展的历史长河中，不断拓宽视野、范围和边界，才能认清其对经济社会的系统性、革命性和全局性影响。

此外，作为一种技术经济范式，数字技术具有基础性、网络性和外溢性等特征，不但会推动经济效率的大幅提升，促进社会阶跃式变迁，社会成本大幅度降低，给人们的生活带来极大的便利，甚至会对整个经济与社会进行重塑，使人们的行为方式也发生彻底的变革。

（3）数字经济是信息经济发展的高级阶段

数字经济的内涵较为丰富，既包括以非数字化的知识和信息驱动的信息经济低级阶段，也包括数字化的知识和信息驱动的信息经济高级阶段，二者共同构成信息经济。而数字经济属于信息经济发展的高级阶段，特别是随着未来非实物生产要素的数字化成为不可逆转的历史趋势，数字经济也必将成为未来信息经济的发展方向。而信息化、数字化仅仅是经济发展的一种重要手段，所以，数字经济除了包括数字化等手段外，还包括建立在数字化基础上所产生的经济转型升级和社会形态的彻底变革等数字化发展的结果。

二、数字经济的特征

（一）数字经济的基本特征

1. 数据资源成为数字经济时代的核心生产要素

与传统的农业经济、工业经济一样，数字经济也需要生产要素和相应的基础设施与之配套，但每一次经济形态的重塑与社会形态的变革，都会产生与之相适应又赖以发展的生产要素。数字经济下由于很多要素都需要数字化，所以又不同于前两种经济形态，数据成为与数字经济相适应的新的生产要素。如同土地和劳动力为农业时代的关键生产要素，资本、技术、矿产、物资为工业时代的关键生产要素一样，数字经济的关键生产要素为富含知识与信息的数据资源。随着向科技研发、经济社会的各个领域扩展与渗透的速度不断加快，数据驱动创新渐渐成为国家创新发展的关键形式和重要方向。

随着数字经济的不断向前推进，与人类的消费、投资等经济行为相关的信息都将以数字化的格式存储、传递、加工和使用，大量数据的增长及对其的处理和应用需求催生出了大数据概念，数据已日渐成为社会基础性战略资源。同时，随着数据存储和计算处理能力的飞速提升，数据的价值创造潜能大幅提升。庞大的数据资源也将成为企业的核心竞争力，因为企业的核心是产品和服务的创新引领能力，企业创新的核心是将用户、环境等产生的各类数据资源分析转化为对企业决策有用的知识与信息的能力，基于数据的按需生

产、基于数据的生产流程改造与服务水平提升日益成为可能，谁掌握了各类数据，谁就更有优势。

随着数字技术向人类社会生产、生活的方方面面不断渗透，人们的经济交易方式与日常行为手段变得更加便捷，甚至数字技术下社会的全面治理方式也变得更加有效。数据已成为数字经济时代的生产要素，而且是最核心、最关键的生产要素，数据驱动型创新也正在向经济、社会、文化、政治、生态等各个领域扩展渗透，甚至成为推动国家创新的重要动力。大量数据资源不仅给人类社会带来了更多新的价值增值，也为人类价值创造能力发生质的飞跃提供了不竭动力。但数据要素也有一些不同于其他要素的特征：第一，数据要素具有规模报酬递增的特性，数据越多包含的信息量越大，越能挖掘出更多的内涵与价值，与传统经济下要素的规模报酬递减刚好相反；第二，数据要素可重复使用，多人使用，但传统要素只能一次性使用，用完就不复存在；第三，数据虽然可无限增长，又可重复利用，还具有多人共享，不排他性，甚至突破了传统经济下制约经济发展的资源稀缺性，但数据依赖于经济主体的消费与投资行为，缺乏独立性，能不能作为独立的生产要素推动经济的持续增长与永续发展仍存有疑问。

2. 数字基础设施成为数字经济发展的关键基础设施

与传统的工业经济下的经济活动更多架构在以铁路、公路和机场为代表的物理基础设施之上一样，数字经济活动的推进与实施也需要相应的基础设施与之配套。不同的是数字经济下基础设施既包括宽带、大数据、云计算中心等专用型数字基础设施，也包括增加了数字化组件的传统基础设施或数字技术对传统物理基础设施的数字化改造，即混合型数字基础设施。例如，数字化停车系统、数字化交通系统、数字化监测系统等对传统物理基础设施的数字化改造就属于混合型数字基础设施，这两类基础设施共同构成数字经济的核心基础设施，推动着数字经济迅猛发展。

数字经济蓬勃发展的前提是数字化基础设施的广泛安装、数字人才和资本等资源的获得与重新组合，在恰当的政策支持下，通过对原有各个领域的改造，创造出全新的流程、商业模式和产品，提升生产率，促进经济增长和可持续发展。数字经济是一个阶段性的概念，"云＋管＋端"成为像水和电一样的生态要素渗透到经济社会活动的各个环节，成为数字经济的核心基础设施。其中，云计算具有资源共享、可扩展性、快速部署、集约高效等优势，是各类用户可以便捷、高效、低成本地使用的各类网络计算资源；"管"也叫网，不仅包括原有的互联网，还拓展到物联网领域，不仅包括人与人互联，还包括人与物、物与物的万物互联，使得网络上承载的数据与价值得以空前增长；"端"则是指用户终端，如可穿戴设备、传感器及其他智能终端等，是收集数据的来源与服务提供的媒介。

综合来看，传统工业时代的经济基础设施以铁路、公路、机场、电网等为代表，数字经济时代的基础设施基于"云＋管＋端"的架构运行。"云＋管＋端"的数字基础设施通过对传统物理基础设施进行数字化改造，使得土地、水利等传统农业基础设施和交通、能源等工业基础设施趋向智能。

3. 数字技术进步成为数字经济发展的不竭动力

人类经济社会发展从来不是循序渐进的平稳进程，技术的进步和变革是推动人类经济社会跃迁式发展的核心动力，如蒸汽机引领工业革命，ICT 引发了信息革命，数字技术的普及应用与日新月异的创新进步，必将引发数字革命，为数字经济不断发展壮大提供核心动力。

近年来，移动互联网、云计算、物联网、区块链等前沿技术正加速进步和不断突破创新，在推动已有产业生态不断完善的基础上，孕育出更多新模式与新业态；人工智能、无人驾驶、3D 打印等数字技术加速与智能制造、量子计算、新材料、再生能源等新技术以指数级速度融合创新、整体演进与群体突破，不断强化未来数字经济发展的动力，推动着数字经济持续创新发展，全面拓展人类认知和增长空间。

4. 数字素养成为数字经济时代对劳动者和消费者的新要求

就像农业经济和工业经济时代下，某些职业与岗位对劳动者的文化素养有一定要求一样，数字经济下的职业和岗位也要求劳动者具有一定的数字素养。随着数字技术的不断发展及向各行各业的不断渗透，不同于传统经济下的文化素养要求只限于某些职业或岗位，对多数消费者的文化素养则基本没有要求，数字经济下的数字素养甚至有可能会成为所有劳动者和消费者都应具备的重要能力。此外，数字素养被联合国认为是与听、说、读、写同等重要的基本能力，数字素养被确定为数字时代的基本人权。劳动者不具备数字素养将很难胜任未来的工作，更不可能在工作岗位上脱颖而出；消费者如果不具备基本的数字素养，将很难在市场上识别、购买到满意的产品，更别谈正确、方便地享用数字化产品与服务，成为数字经济时代的文盲，可见数字素养将与文化素质、专业技能一样，成为未来的劳动者生产与消费者消费行为必备的基本素养，成为数字经济发展的关键和重要基础之一。

（二）数字经济的规律性特征

1. 数字经济是昼夜不停运作的全球性经济

由于信息与数字网络每天 24 小时都在运转中，基于互联网、大数据、云计算等数字技术的经济活动很少受时间因素的制约，可以全天候地连续进行。而且由于信息与数字网络、数据的全球流动把整个世界变成了"地球村"，全球各地的地理距离变得不再关键，基于数字技术的经济活动把空间因素的制约降到最低限度，使整个经济的全球化进程大大加快，世界各国经济的相互依存性空前加强。随着商品、服务与资本全球流动的放缓，数据全球流动速度不断加快，数字经济逐渐成为主导经济全球化的主要动力。

2. 数字经济是去中介化的虚拟经济

由于移动互联网等数字技术的发展，经济组织结构日渐扁平，消费者和生产者之间直接联系与沟通更加便捷，除了因某些交易的复杂性而需要专业经纪人与信息服务中介之外，根本不需要过去更多的分销、批发与零售等中间环节。另外，数字经济是虚拟经济，是在数字技术下，数字网络构筑的虚拟空间中进行的经济活动，经济的虚拟性更多源于转移到线上网络空间经济活动的虚拟性，而并不是指期货、期权等虚拟资本形成的真实的虚拟经济。

3. 数字经济是合作大于竞争的开放经济

工业经济时代，传统价值创造主体通过上游采购原材料，中游加工生产后再向下游出售最终产品和提供售后服务，形成的是线性价值增值链，每个价值链环节上的竞争对手越少，利润就越丰厚，它们的目标是消灭竞争对手。数字经济时代，不论是新兴平台企业还是传统转型企业以及依托其生存的各类中小微企业，都是相互依赖的产品和服务供给者，平台更多的是采取开放策略，构建互利共赢的生态系统，以增强平台的吸引力和竞争力；依托平台的企业之间虽存在适度竞争，但也更多是交易协作与共同创造价值的关系，合作远大于竞争。企业可持续的竞争优势，主要不再依靠自然资源的占有或可供利用的资金多少，而是更多地依赖于通过相互合作共享到更多富含信息和知识的数据，只有在相互协作中，企业的活力与应变能力才能不断提高。

4. 数字经济是速度型经济

数字经济成为速度型经济，更多是由数字经济的规模报酬递增或外部性导致的，哪家企业能够以最快的速度获得规模经济，就会越来越强。随着数字经济节奏的加快，一步落后就会步步落后。再加上数字技术日新月异，在数字技术支撑下信息传输速度、产品升级换代的速度在加快，创新周期在缩短，竞争越来越成为一种时间的竞争。不论是生产制造型企业还是生产服务业企业，谁可以按最快的速度收集、处理和应用大量的数据，第一时间把纷繁复杂的数据变为可供企业决策、生产的知识与信息，就能不断满足消费者多样化的定制需求。

5. 数字经济是持续创新型经济

数字经济源于移动互联、大数据、云计算等数字技术，以此为基础的数字经济属于技术与研发密集型经济，须强调教育培训、研究开发，否则就不能称为新经济，但数字经济又超越数字技术，技术的创新更多来自有利于创造性发挥的组织环境、制度环境、管理观念与激励机制，所以，在技术创新的同时还需要有组织创新、制度创新、管理创新与观念创新等的配合。

6. 数字经济是注意力经济

数字经济下每个人都置身于巨量信息的包围之中，只有独树一帜才能获得注意力，博得更多的关注，迅速聚集到大批用户或粉丝，并在激烈的竞争中胜出。故而涌现出许多免费的新商业模式，如先通过免费使用短期聚集大量用户，然后再开通移动支付、电商理财以及生活服务等众多商业功能的微信；如通过贴上形形色色的成功标签，分享自己或多彩多姿或平凡简单的生活方式，或通过特色展示、个性表演，或展示法律、交通、医学、体育、娱乐、游戏等专业知识等，聚集大量粉丝获得打赏，使个人也成为品牌，再通过接广告展示和营销商品，或者直接将社交流量出售给广告商来变现的短视频直播平台模式；如按付费多少决定搜索到的商品、服务、企业及其他内容的排名，排名越靠前，受到消费者的关注度就越高，潜在的商业价值就越大的竞价排名模式，都是通过博得眼球，争夺注意力，最后再变现。

此外，在数字经济下各智能互联及数字平台，如今日头条、58 同城、大众点评等都通过数据挖掘技术，可抓取、记录用户在互联网上的行为数据，进而分析出用户的行为特点与需求，只要用户曾经在网上搜索或关注过某方面的内容，相关平台就会记录并据此向消费者智能"推送"类似的本地化的可方便获得的个性化的服务，更精确地实现内容传输与受众注意力的匹配，以在碎片化信息过载的数字经济环境中，对大量信息进行过滤和选择，满足追求个性化的信息消费者的普遍需求，进而赢得市场和创造更多的价值。

7. 数字经济是传统边界日益模糊的经济

在传统农业经济与工业经济时代，生产者和消费者是泾渭分明的，企业组织通过层层组织沟通结构构建起明显的企业边界与社会区隔，才能比竞争者获取到更完全的消费者需求信息，进而有效降低企业的交易成本，不同行业之间也由于明显的行业边界与技术和市场壁垒的存在而难以跨越。而与传统农业经济和工业经济下的供给与需求经济活动有明显的区分、生产者和消费者也有非常明显的界限不同，数字经济下，随着数字技术日新月异的发展，个人、企业、社会，甚至是国家层面的传统边界都日渐模糊，出现了更多的产销一体化与无边界组织。

在供给方面，借助数字技术，伴随着生产者与消费者之间距离的拉近，一方面，企业内部组织结构中纵向的供应链环节不断减少，以往科层式的组织结构不断向消费者倾斜，并越来越呈现出扁平化的特征；另一方面，同一行业甚至不同行业之间的边界也日渐模糊，不同领域的企业之间在数字技术的作用下，依托数字平台可以打破企业与行业边界，通过更多的跨部门和跨行业协作，实现不同商业模式的交融整合，从而实现更大的创新。目前，许多行业企业通过数字化改造，已实现了通过大数据技术挖掘用户的多样化、个性化需求与建议，进而有针对性地设计、开发新产品，在航空航天与汽车制造领域甚至可借助 3D 打印技术完全按消费者的个性化需求设计、打印新产品，厂商在提供产品和服务的过程中充分考虑与结合了用户的需求。

在需求方面，消费者需求的大数据分析成为新产品开发的源头，消费者的创意可以融入企业产品的设计过程中。其实，在数字技术下，随着消费者行为数据透明度的增加，不但研发设计环节可融入更多消费者的创意，而且消费者在厂商产品与服务精准广告投放与大数据营销的指引下，完全可以参与到产品生产的全过程中，如果消费者在生产、消费过程中发现问题，可将意见或建议通过网络或数字平台及时反馈到生产方产业链各个环节。这种消费者参与生产和消费新模式的出现，使原来的供给方生产大批量、大规模、模块化、标准化同质性产品向小批量、分散化、多品种、个性化、多样化、异质性产品转变，甚至单品单件，按订单精准生产，用户可全程参与其中，消费者的需求、企业的生产和企业上下游供应链等多种相关数据可以在数字网络中自由流动、高效传输与应用，不仅改变了传统的价值创造体系与创造过程，使需求导向生产、产销一体的生产模式成为现实，进而创造出非凡的价值，而且消费者可通过 3D 打印设备自行生产一些商品，完成产销一体的全过程。

可见，数字经济下在网络化、数字化、自动化生产组织过程中，数字产业链的不断扩张，不仅将商品研发设计与加工生产过程、服务提供过程与消费者连接起来，甚至将广告精准投放、顾客建议、原料采购、智能制造、大数据营销、智慧物流配送、售后问题预测与服务、消费体验反馈全部容纳进来，形成全线产业链，使商品和服务的全过程得以重塑，资源配置的效率也得到极大的提高。

此外，在社会治理与公共服务供给层面，各地各级政府也可借助数字技术通过电子政务、数字政府、一站式政府建设等多种渠道广泛听取民意，及时了解与分析相关经济社会数据，进而实现科学决策、精准施策，从而有助于提高问题的解决效率与提供更好的公共服务。而公众则能够更容易地利用社交网络和政府公共数字平台参与社会治理事务，在不同的政府决策与大量的民意数据通过数字平台汇聚、交融、碰撞下，政府管理与提供公共服务的理念和方式也会随之发生改变，只有通过数字平台更加开放地调查了解与征求意见、更加透明地进行决策和更加全面地为所有民众提供高质量的服务，才能不断引导网络民众、凝聚民心、提高政府公信力。在全球层面，在数字技术作用下，世界不同地区间的经济往来、民间交流将更加活跃，不同文化之间的交融、汇聚将更加频繁，数字技术、数字产品将会在经济、政治、教育、文化、生态等越来越多的领域产生跨地域、跨国界的深远影响。

8.数字经济是普惠化的经济

在数字经济 2.0 环境中，人人都是平等的，不论是在科技、金融还是贸易领域，每个人不论地位高低、贫富、贵贱及身体状况，都可以平等地传播信息、交流沟通、发表评论、经商创业，每个人都可以平等地共享数字经济带来的好处，这就是数字经济"人人参与、共建共享"的普惠化特点。

在普惠科技方面，以宽带、大数据、云计算为代表的按需服务业务，使得个人及各类企业都可以通过付出极低的成本就轻松获得所需要的搜索、计算、存储功能；在普惠金融方面，以互联网信用为基础的新型信用评分机制，通过大数据统计可以使不同规模的个体得到精准的风险评估，从而让更多的个体更快享受到适合其风险的金融信贷服务；在普惠贸易方面，数字经济下国际贸易信息更加充分，贸易流程更加方便透明，不论规模大小，各类企业甚至个体都能参与到跨境电商中，全球消费者都能方便、快捷地购买来自全球任意地点的商品，真正享受到卖全球与买全球的红利，而贸易秩序也将更加公平公正；在共享经济领域，数字经济时代下数据自由流动与信息传送速度不断提升，使经济社会各个层面实现自由高度联通，进而引起大量资源的重组、聚合与合理流动，使交易成本和资源配置优化的成本降到最低，广大社会民众只要通过付出接近零成本的代价就可聚合社会上大量的闲散碎片资源，并创造出更大的价值，使资源利用效率达到最大化，甚至在数字技术作用下，借助数字平台还可实现资源在全球范围内的组合与重新优化配置，这既为全球节约了闲散资源，提升了全球资源配置的效率，全球消费者也可享受到更低价的服务，而服务提供者却可以收获更大的额外收益，供给端、需求端以及整个社会都可获益，全球福利水平都会提高。

第三节　数字经济下的理论创新

一、数字经济对传统理论的冲击

（一）对于经济学基本假设与相关原理的冲击

1. 对经济学基本假设的冲击

（1）资源稀缺性：从相对稀缺到相对不稀缺

在传统农业经济、工业经济时代，虽然经济发展与人类物质生活水平的提高依赖于劳动者技能的提高和科学技术的发展，但也更突出地表现为对自然界资源的掠夺性索取与破坏，这种发展方式不仅不可持续，造成环境的污染和资源的大量耗费，还将给下代人的生活带来负担与压力。因此，在传统经济中，各类资源的获取需要付出大量成本，再加上资源相对于人类的无穷的欲望而言总是稀缺的，这就是传统经济学资源稀缺性的基本假设。然而，在数字经济时代，数据将成为最重要的关键性资源，不仅具有非排他性，可以多人同时重复利用，而且可以再生与急剧增加，因此，资源的稀缺性有可能不再成为制约经济发展的瓶颈。但要指出的是只有经过收集、加工、整理后的数据才会变为富含价值的信息，而这中间需要耗费人力、财力与物力，所以也是有成本的，知识和信息特别是高价值的知识和信息仍然稀缺，可能还得为之支付高昂费用，但随着数字技术不断向前发展，获取有价值的数据可能也会更加容易，与农业经济和工业经济时代相比，数字经济时代，数据资源稀缺性可能会相对没那么严重，或相对不稀缺，但数据更多依赖于经济主体的消费、投资等经济行为。

（2）信息完全：从信息不完全到信息相对完全

在古典经济学中假设信息完全，其实传统经济学认为信息是不可能完全的，因为信息的获取会受到信息的分散性、获取信息的成本、人们的认识水平以及个人机会主义的限制。但在交互性和实时性更强的数字经济下，借助大数据、云计算等数字技术，人们可克服信息的分散性，降低获取信息的成本，相对传统经济时代可以更迅速、更低成本地获取各种市场信息，使得信息不对称程度比传统经济时代有所降低与弱化，但由于人们自身知识结构与认识水平的缺陷以及机会主义的存在，再加上每个追求自身利益最大化的经济人，都会在获取信息的成本与收益之间权衡，他们也做不到信息完全与信息对称，只能是比传统经济时代更完全或相对完全。

（3）理性经济人：从有限理性到高度理性

在传统经济理论中，假设经济人可以不用花费任何成本就可及时获得充分的信息，也即在信息完全的情况下，人们都是追求自身利益最大化的理性人，也即经济人的完全理性假设。而后来的研究发现，获取不同的信息需要花费成本甚至付出高昂的代价，经济人就会在信息完全与否之间做出选择，大多数情况是做不到信息完全，所以，经济人的理性也做不到完全理性，而是有限理性。

然而，在数字经济时代，人、财、物等信息高度互联互通，市场信息也极为丰富，经济人能够比原来更低成本、更及时地获取较为充分的市场信息，并据此做出更为科学和理性的决策，所以，经济人的理性将大大超出"有限理性"，变为高度理性。此外，人们通过获取到的相关信息就能够广泛得知他人的行为，从而"随大流"形成互联网的聚合行为就会成为经济人的主流选择，即所谓的"流行性"越来越控制着人们的选择行为，此时的市场具有了自我放大的机制，原来市场机制发挥作用的机理已经发生了变化。例如，人们相信口碑和好评率是经过他人智慧筛选过的集成信息，但是有时获得的信息不一定是准确的，如靠对网上产品的口碑或好评率决定要不要购买，有时会不太理性，就算好评率是发自消费者内心的，不是被迫好评，那不同消费者对不同产品的质量、颜色、款式的偏好都是不一样的，而仅依据口碑或好评率就决定要不要购买甚至也只能通过查看好评率来决定要不要购买，一定程度上并不能算作理性。但如果产品没有消费者的口碑或好评那么高的质量，或者是别人认为好的不一定适合自己，甚至最后有消费者发现口碑和产品不符，有不实评论，相信口碑和好评很快就会消失，前提是要通过有效监管好评和差评都能让消费者看到，确保评论的真实、客观、有效，才能表现出极强的市场信号意义。此外，分析数字经济时代人们的行为方式，除了置于经济学的市场机制框架下之外，还有赖于综合心理学、社会学等许多学科理论的融合创新，但总体来说，数字经济时代还是比传统经济下信息更充分，人们的行为方式也更加理性。

（4）完全竞争：从完全竞争到协作创新

在传统经济理论中，假定有无数个买方和卖方，把竞争作为经济人之间发生联系的重要方式，并认为竞争是完全的，即完全竞争。即使后来经多次修正，承认现实其实是竞争与垄断并存的，但总体来看，传统经济理论更多还是强调竞争；而在数字经济时代，将更多强调合作和创新，强调企业主通过与上游供应商、中游竞争对手、下游顾客的协作创新，实现"双赢"与"多赢"局面，来获取更大的市场份额，进而提升自身竞争力，以应对外部环境和激烈的市场竞争。但需要指出的是，名义上是平台、供应商和消费者借助平台合作，供应商和消费者通过平台桥梁发生了更紧密的联系，如消费者通过平台参与厂商的研发、设计、生产全过程，而供应商依托平台促进营销与售后服务，都离不了平台，产品从厂商到消费者手中虽然少了一级代理、二级代理、批发商等中间渠道，但多了一个平台，就像传统经济下离不开代理商、批发商，数字经济下厂商和消费者更离不开平台，所以，不同平台之间的竞争将更为激烈，而且大的平台更容易吞并小的平台，形成垄断之势。协作创新则是指平台上不同企业通过协作加速产品、流程、工艺、功能等尤其是技术的创新活动，使竞争方式发生改变，从而进一步提高产品的多样性和差异性，更好地满足消费者的个性化需求。

所以，其实一个平台生态里面的主体更多的是通过协作创新共同把"蛋糕"做大，但不同平台之间则更多的是充满大鱼吃小鱼的激烈竞争，而且大平台更有可能形成增加垄断之势，与传统经济下的竞争原理有很大的不同。

2. 对于经济学的基本原理的挑战

（1）传统经济学中的边际效用递减与数字经济学中的边际效用递增

不论是传统经济还是数字经济下的边际效用递减或递增，都是从需求侧的角度，对消费者追求效用最大化行为的分析。

传统经济下的边际效用递减，是指随着消费者消费的商品数量的不断增加，最后增加的一单位同种同质传统产品的消费给其带来的冲击及满足感，也即效用是不断降低的。富人边际消费倾向低于穷人，如果整个社会能把富人的财富适当转移给穷人，就能实现社会整体效用的增加。但传统经济下的边际效用递减，强调消费者获得的是用于满足人们有限的物质需求或基本生理需要，在质量和性能上属于同质的产品，如对某一食品简单重复消费给其带来的边际效用是递减的，但如果消费者获得的是在质量和性能上更优的产品，随着消费数量的增加，带给其的效用应该也会递增。

而数字经济下的边际效用递增，是指某一数字平台或数字产品，用户使用量或用户规模越大，由于外部性的存在，带给每个消费者的效用就越大。例如，微信使用者的增加，就会给使用微信的人与更多的人沟通交流带来极大的便利，获得更好的协同价值，消费者的边际效用就会增加。数字经济时代，数据与财富存在的是边际效用递增的规律，即经济主体拥有富含信息的数据越多，数据的增加可能会使经济主体对相关标的了解越全面，减少信息不对称，每增加一条富含信息的数据，该主体的边际效用也就增加得越多。但是这里面没有考虑到数据的质量问题，数据富含的信息越多信息越充分，信息不对称越小，可是经济主体不但要考虑数据的数量，更要考虑数据的质量与准确性，这就有赖于对数据的筛选，进而萃取出有价值的信息。总之，不是数据量越大越好，而是高质量、更准确的数据越多越好。

可见，数字经济下的边际效用递增则是指随着消费者对满足其社会或精神的无限需求、质量、性能不断改进的数字产品的消费不断增加，给其带来的满足程度或效用是不断递增的。如消费者获得的异质或不同的知识不断增加，就会实现融会贯通，产生更大的效用，给其带来更大的满足感，进而希冀获得更多的知识。因为新知识的接受需要一定的知识基础，一个缺乏知识的人，获得新知识后可能发掘不出多少价值，但知识渊博的人新增一条知识就会发掘更多的内涵，获得的知识越多累积效应就越强。如果让消费者花同样的钱去消费同质的数字产品，给其带来的效用也会边际递减，如增加同样的同一位明星歌手的数字音乐消费，消费者一定不会为第二件同样的产品付半分钱的费用，但如果是在音质上有更大的改善，消费者就愿意为之支付更高昂的费用，因为给其带来的效用更大。

所以，边际效用递增还是递减其实与数字经济没多大关系，与传统产品和数字产品也没多大关系，关键是看消费者消费的产品是在质量性能上同质还是更优，是为满足有限的物质与生理需求还是满足无限的精神或社会需求，是知识与技术含量较低的简单产品还是知识与技术含量更高的复杂产品。

（2）传统经济学的边际成本递增与数字经济学的边际成本递减

不论是传统经济学的边际成本递增还是数字经济学的边际成本递减规律，都是从供给侧的角度分析厂商如何供应产品，进而达到利润最大化的行为，但二者仍有区别。

传统经济学中的边际成本递增，是指假定生产产品只有两种要素，当其中一种要素固定，增加另一种要素，在两种要素达到最佳配比之前，每多增加一单位要素的边际产出是递增的，但增加到两种要素达到最佳配比之后，再增加该种要素的边际产出就是递减的，由于厂商实现利润最大化都处在边际收益递减阶段，所以就把此规律叫作边际收益递减或边际成本递增规律。

数字经济下的边际成本递减。在数字经济下，与厂商供给相关的成本，一是数字基础设施的建设成本，二是富含信息和知识的数据传输成本，这二者与使用者人数没有关系，并不存在边际成本的问题。只有数据收集、处理、加工、提取成本随使用人数的增加、数据量增大，总成本才会不断递增，但边际成本是递减的，所以，随着产品产量的不断增加，从综合设施建设、数据传输与数据加工成本来看，数字经济下，平均成本与边际成本会随着用户与产量的不断增加呈现边际递减的趋势。特别是对于软件、芯片等数字产品，第一份生产成本可能较高，之后就可以以近乎零边际成本无限制地复制。

（3）传统经济下的按劳分配与数字经济下按知识和信息分配

不同于农业经济与工业经济时代的繁荣直接取决于土地、资本、劳动力和企业家才能这四大生产要素的数量与质量，在数字经济时代，富含更多信息和知识的数据成为关键的生产要素，这些数据成为数字经济直接的内驱动力。更轻资产，更重信息和知识的一些高科技公司之所以能在短短几年内创造财富神话，可能更多的功劳应归于软盘和软盘中储存的知识与信息，随着知识和信息的价值在社会生产过程中越来越得到充分的发挥，附加值将越来越多地向知识、智力密集型产业转移，国民收入及社会财富的分配也将更多地以知识和信息的含量为标准，传统经济下的按劳分配，取得的职务工资等要素报酬将更多转变为数字经济下按数据分配的知识拥有者的报酬与数字技能工资，知识就是财富，数据为王在数字经济时代将得到最完整的证明。

（4）传统经济中的正反馈与数字经济中的正反馈

传统经济中的正反馈来自供应方或生产商的规模经济，既指大公司与小企业相比规模更大，进而成本更低，更易达到规模经济，也指原有企业因新加入企业的增加形成企业集聚而导致的效益提高，使整体的供应效率提升。传统经济不同产业在早期都会经过正反馈，但在达到规模经济以后，负反馈就会起主导作用。

在数字经济下的正反馈更多来自需求方的规模经济，而不仅仅是供应方。其具体是指消费者的效用会随着消费该产品的消费者数量增加而增大。例如，微信、今日头条等使用者认为其有价值是因为其被广泛使用，随着使用的人越来越多，既增加了不同的人群交流范围，也方便了来自四面八方的形形色色资讯的获得。

传统经济理论认为，各式各类企业只有达到一定的规模上限，才能实现规模经济，加深资源配置的优化程度，从而降低生产成本，提高生产效率。然而，数字经济条件下开始涌现出一些新型企业甚至是个人，这些企业和个人核心竞争力是利用拥有的技术与数据，实现持续不断的快速创新，虽然规模较小，但其创新能力和竞争能力却优于同行业中的大企业，且常出现"以小搏大"的局面。因此，在数字经济时代，由于要素的变化，之前所说的劳动力、资本规模扩大表现出的规模经济越来越被拥有更多知识和信息表现出的规模经济取代。而且在数字经济下的正反馈，供求双方有相互促进的作用，不管是供给还是需求增加，都会使另一方增加，形成供求双方相互促进的态势。

（二）对微观经济理论的影响

1. 数字经济下消费者行为理论的变化

传统经济下是生产决定消费或以产定销，数字经济下，随着移动互联、大数据、人工智能等数字技术的不断进步，消费者借助数字平台即可实现快速消费，甚至为了实现效用最大化，得到更加适合自己需求的个性化产品，可以参与厂商从产品的研发设计到生产加工的全过程，为厂商的产品生产实践提出自己个性化的修改建议。所以，传统经济下消费者只是产品的消费者而已，数字经济下消费者是发挥一部分生产者作用的消费者，传统经济下的消费者行为理论会发生变化。

2. 数字产品不能再按边际成本定价

由于受要素资源稀缺性的影响，传统经济下厂商的规模经济难以持续，其在生产过程中呈现边际成本递增规律，故厂商为了利润最大化可以依据边际成本定价。而数字经济下生产数字产品呈现出高固定成本、低边际成本的特性，厂商为了收回固定成本，不可能再按边际成本定价。

虽然目前数字产品定价还没有形成如同传统价格理论那样简洁、普适的分析模型，但有以下三点仍值得关注：首先，数字产品和传统产品一样，其价格也会或多或少受到自身价值、生产成本甚至市场供求等因素的影响，如数字产品生产厂商，虽不能按边际成本定价，但可按边际收益和平均成本相等定价，收回固定成本，因此，数字产品价格与传统产品的价格有相同的影响因素。其次，数字产品为知识、技术密集型产品，如研发产品，不单具有高固定成本的特性，能不能研发成功具有更大的偶然性，研发出来能不能受到青睐，受消费者主观心理评价影响较大。所以，数字产品定价时也要更多考虑研发风险、产品生命周期、长尾产品特性、营销方式、消费者偏好及大众精神与心理评价的差异性等。最后，由于数字产品与传统产品相比，消费者的主观偏好存在更大的差异，再加上数字产品具有较大的网络外部性特征，不同消费者愿意为其支付的最高价格存在较大差异，所以，具有不同特性的数字产品应该采取差别化的定价策略，每种不同的产品也应依据企业市场占优策略、长期发展目标及其风险承受能力等确定自身产品的"定价规则"。

3. 数字经济下边际分析与均衡理论不再完全适用

消费者的主观效用和生产者客观成本相等的时候，也即边际效用和边际成本都等于产品价格的时候，厂商边际收益和边际成本相等便可实现利润最大化，消费者边际效用和边际成本相等可实现效用最大化，从而供求达到了均衡，同时均衡价格也得以确立。在数字经济下，由于受需求方规模经济与供给方规模经济的共同影响，随着数字产品用户规模的不断扩大，数字产品的协同价值越来越大，最后一个加入的消费者愿意为数字产品支付的价格越来越高，而厂商的边际成本越来越低甚至为零，平均成本也在不断降低，所以，数字经济下的均衡点不止一个，更不能通过边际收益与边际成本相等，找唯一的均衡点，有学者提出要借助新兴古典经济学的超边际分析法，求得多态均衡。所以，边际分析与均衡理论在数字经济下变得不再完全适用。

4. 数字经济下交易成本大幅降低

数字技术的发展，突破了现实世界的时空限制，可以降低市场主体之间信息不对称程度，降低社会资源配置的成本，提高社会资源配置的效率。借助数字技术，信息流可以被低成本地无限制复制和传递；实物流在大数据与云计算等数字技术支持下，可以大为简化交易流程，突破时空限制，实现 24 小时从厂商直接把物品交与消费者，实现买全球、卖全球完全无障碍；资金流借助数字技术，如移动支付更是会突破繁杂手续的制约，突破传统经济下汇率波动等风险，使交易成本大为降低。

5.数字经济下企业管理理论大幅变化

数字经济时代，企业管理的计划、组织、领导与控制等环节都会受到影响，所以，数字经济下企业管理理论与传统经济下有很大的不同。首先，数字经济的发展，更多强调企业与企业之间的合作，企业的经营思想与管理理念开始从单纯强调竞争向合作竞争转变。其次，由于数字技术下信息获取的极大便利，不再需要更多的中间层级，企业组织结构从等级严明的科层级管理向松散的网络化管理组织转变，沟通渠道也更加顺畅，企业高管可以随时直接与普通员工对话。最后，营销方式也由传统的批发再经层层代理的分销体系向厂家依靠大数据精准营销转变，产品可直接送达消费者手中。

（三）对中观产业组织理论的挑战

1.制造业效率高于服务业不再成立

传统服务业，如教育医疗、餐饮娱乐等服务过程要求服务创造和消费同时同地，服务既不可跨时间储存，也不可远距离跨区域交易，不仅受时空限制较大，也不能借助更高效率的先进设备，还不容易达到规模经济，所以服务业的劳动生产率远低于制造业生产效率，并长期保持在一个较低的水平。但数字经济下数字技术不仅改变了服务的提供方式，甚至服务的性质也随之发生改变。传统经济下将看电影、听音乐会这些"乐"文化消费视为中高收入者的奢侈行为，但数字经济下，特别是随着短视频的兴起，中低收入消费者也可以用极低成本获得大量的娱乐消费，如就有网友评论自从有了短视频平台，每天有人献歌献舞，还可以一一评论，表达自己的看法。娱乐提供方也形成了以大规模"点击率"为基础，赚取更多打赏甚至广告费的商业模式。数字经济下，文字、语音信息、视频节目等丰富多样的娱乐方式促使了大量的需求迸发，关键这些各式各样的娱乐产品创新可以以极低的成本被复制无数次，效益递增几乎没有边界，规模经济效应极为显著，生产率也显著提高。

2.传统的垄断原则不再适用于数字经济

虽然传统经济下先进入市场者达到规模经济，可抑制其他潜在成本低的成员进入，造成一定的垄断，如泰国的钟表行业虽然潜在成本更低，但由于瑞士的钟表业率先达到规模经济，泰国的钟表行业发展会受到抑制。但传统经济下的垄断没有数字经济下的垄断涉及范围广。

从20世纪90年代开始，随着互联网、大数据中心等这些具有自然垄断特征的数字基础设施类产业的迅速发展，其他依存于这些基础设施提供增值服务的竞争行为、盈利模式等成为研究的核心问题。不同于之前传统物理基础设施网络如电信、铁路等封闭性的网络，由于互联网等数字基础设施是开放性的，依托数字基础设施的数字经济体或网络平台会随着规模的扩大、用户的增多不断增值。某一平台的用户越多，商业机会越多，使用的人就会不断增多，随着使用的人越来越多，成本就会越来越低，平台收益自然会不断增加。当平台形成一定规模，就会焕发出巨大的规模经济优势，后来者就算比其做得更好，但巨大的一次性固定成本以及数字产品的路径依赖与锁定效应存在，导致的较大获客成本，与先加入者几乎为零的边际成本相比，很难进入同样的市场，这样就会导致最先进入市场的先驱者，抓住市场机遇，利用先发优势，不断拓展用户规模，其市场占有率也越来越大，而潜在加入者与在位的成功企业相比进入市场的难度却越来越大，这样整个市场竞争结果更倾向于一家或少数几家企业主宰市场，形成寡头垄断，甚至形成先入为主、一家独大、赢者通吃的垄断局面。例如，在个人电脑系统市场中，虽然技术功能相近的类似企业很多，但微软最先争取到更多的用户，并通过正反馈过程最后主宰整个市场。这是一种先入为主的现象，甚至次优产品先进入者就可拥有锁定市场的能力，进而拥有主导市场的可能性，可见，数字经济时代市场垄断力量更为强大，而且大者愈大、强者愈强、富者愈富，这就是数字经济时代产业组织问题的特殊性。

由于数字平台在需求方规模经济、路径依赖、锁定与正反馈的作用机制下，聚集的用户规模越来越大，最终必然产生巨型平台，进而必定会形成垄断。但由于数字经济下垄断表现为竞争与垄断同时存在的特性，平台之间一定存在更大的竞争。例如，消费者可以在多个不同的数字平台跨境消费，也可以通过不同的搜索引擎搜寻信息。虽然短期内，在激烈的竞争中胜者垄断全局，输者满盘退出市场，但在长期高利润引诱下，存在着更大的竞争，包括在位垄断厂商的技术升级换代与潜在进入者的技术创新的竞争。而且数字经济下垄断越突出，竞争就越激烈，在竞争与垄断此消彼长的作用下，实现技术的不断进步与创新。与传统经济下垄断消除竞争与阻碍技术进步不同，数字经济下的垄断会激化竞争，并在更激烈竞争作用下促进技术的不断进步与创新，所以，传统工业经济下的反垄断原则就不完全适用于数字经济下的垄断治理。

二、传统理论解释数字经济的适用性

（一）现有市场供求机制的适用性

随着数字技术的不断发展，数字经济下也出现了较多的新现象与新问题，将数字经济时代的新现象纳入现有的传统经济学分析框架之中，并对其进行补充与修正，设计出更有效率的市场机制，从而优化数字经济下市场的资源配置功能也已成为学者们研究的热点问题。例如，传统经济学认为，只要企业产品价格远高于其成本，而消费者又别无选择时，就存在垄断。但同时也有另一种判断标准：即使存在所谓的垄断，价格收取高出成本再多，但如果企业为客户带来的价值，或者客户得到的效用远大于支付给企业的价格，那平台就增加了消费者剩余，提升了消费者的整体福利，这些思路也被用于判断数字经济下平台企业的行为。加入商场只支持银行卡付费，就得额外支付相关的手续费，但如果不支持银行卡付费，就会损失一部分消费者，貌似商场只能接受银行卡付费，存在一定的垄断，但如果因支持银行卡付费而获得的收益大于支付的额外费用，对商场来说就是自愿选择行为而不是处于垄断下的别无选择。

（二）新制度经济学的产权理论的适用性

传统经济下的产品，有的具有较强的外部性，特别是公共产品外部性更明显。为了规避外部性的影响，通过确定明晰的产权，享受正外部性的消费者会为之支付一定的额外成本，而福利受损的消费者也能获得一定的补偿，从而使外部性的影响大大减少。数字经济下的产品，由于具有较强的网络外部性，即随着用户规模的越来越大，产品的协同价值越来越大。表现为随着用户规模的越来越大，消费产品给消费者带来的效用也越来越大，消费者愿意为产品本身支付更高的价格但却没有支付，即所谓直接外部性，同时，该产品互补品的供给也会越来越多，从而使互补品的价格也不断降低，使人们享受到互补品低价的效用，即为间接外部性。但不管是直接外部性还是间接外部性，都可以通过清晰的产权界定使外部性得以内化，使外部性大为降低甚至消失。可见，传统经济下的产权理论，在数字经济下仍然适用。

（三）信息经济学的信息不对称理论的适用性

传统经济学下存在着信息不完全，不论是厂商之间、消费者之间还是厂商与消费者之间，都存在着信息不对称。特别是厂商与消费者之间存在着信息不对称。数字经济下，虽然消费者获取产品信息的渠道更加畅通，获取产品信息的成本更加低廉，甚至消费者可以借助数字平台为产品的设计、生产、加工提出自己的建议，参与产品生产的全过程，但不可否认，由于专业技术要求以及对繁杂信息鉴别能力的要求，与生产者相比消费者仍然不可能像生产者一样获得与产品相关的所有准确信息，数字经济下仍存在着信息不完全的现象，信息不对称理论在数字经济下仍然适用。

（四）现有博弈论方法的适用性

在各类传统经济理论中，博弈论可能算作最适宜于用来分析数字经济下的经济问题的理论了，因为数字经济下人们的决策同样不仅取决于自身，也会受到相关的其他人所做出选择的影响，这点与传统经济无异，类似"囚徒困境""智猪博弈"的问题也有许多，如两种相似的数字产品如何定价的问题、不同的共享平台企业如何竞争的问题等，凡是决策者的选择结果会受到其他人的决策影响时，博弈论就可大显身手。在高度互联互通的数字经济下，不同经济人之间的相互影响更加广泛与深远，数字经济下大量现实问题的解决仍然有赖于博弈论提供的理论分析框架和决策思路。

第二章 互联网供应链金融创新模式

第一节 供应链金融概念

一、供应链的理解

（一）供应链的概念

传统供应链定义为制造企业的一个内部过程，制造企业将从外部采购的原材料和零部件，通过生产加工、装配、销售等活动传递到零售商和消费者。此阶段供应链局限于企业内部操作层面上，着重的是自身资源的运用。

不过，如今供应链概念大多采用马士华在 2000 年提出的概念，这是个具有现代意义的供应链概念：以核心企业为中心，通过对物流、信息流、资金流、商流的掌控，由最初的原材料采购、初步加工、加工成产品，然后由销售网络将所生产的产品送到消费者手中，在这过程中，供应商、制造商、分销商、零售商及消费者组成了一个整体的功能网链结构模式。

从供应链的网链结构可以看出，供应链是个不断向前发展的动态网络结构系统，由核心企业、供应商、分销商、制造商、零售商和用户组成。链条上游企业与下游企业间是供需关系，因此，供应链可看成是由有供需关系的二元结构组成的。

供应链并非只是简单的连接产品由供应商到消费者这一过程中的物流、信息流、资金流、商流，而是在这一过程中会实现增值，处于链条上的各家企业包括消费者都是受益者。因此，供应链并非只局限于生产链，而是涵盖了产品整个运动过程的增值链。

（二）供应链的划分

1. 企业地位不同

可以将供应链分成核心型供应链和非核心型供应链。核心型供应链是指供应链中某个企业在链条中占据主导优势地位，对其他成员具有很强的吸引能力和影响力，这类企业也被称为核心企业。而如果链条各企业的实力相差不大，彼此地位相应，则为非核心型供应链。核心企业通常实力强大、资金雄厚、信用等级较高、发展潜力较大，因而能够影响到其他链条企业。

2. 范畴不同

内部供应链和外部供应链。内部供应链是指供应链产品或者服务涉及各个部门，如生产部门、仓储部门等组成的系统。外部供应链则是指企业外部的，与该企业供应链产品或者服务有关联的原材料供应商、生产厂商、销售商等组成的系统。两者只是范畴不同，但运作流程相似，相对而言，外部供应链涉及范畴更广、参与者更多，因而给管理带来不小的难度。

3. 稳定性不同

稳定的供应链和动态的供应链。在较为稳定、单一的市场需求的基础上形成的供应链为稳定的供应链，而在相对烦琐、复杂的市场需求的基础上形成的供应链为动态的供应链。在实际管理运作中，应根据其稳定性的变化来做出相应的改变，促使供应链能切实满足需要。

4. 容量和需求不同

平衡的供应链和倾斜的供应链。一个供应链的设备容量和生产能力通常是相对稳定的，然而市场需求却是时刻产生变化的，当容量能满足市场需求时，供应链处于平衡状态；当容量和需求不一致时，就会产生库存增加、浪费增加等，此时供应链处于倾斜状态。总的来说，平衡的供应链才能平衡各方的利益，实现供应链的整体增值，但如果供应链处于倾斜状态，对链条企业而言是非常危险的，甚至危及供应链的存续。

5. 功能性不同

有效型供应链和反应型供应链。有效型供应链能够降低供应链各环节的成本和风险，包括生产成本、运输成本等；反应型供应链则是指能够根据市场需求快速做出反应，体现了其市场中介的功能。要根据市场需求、降低成本和风险等要求来调整产品或者服务，以满足客户的需求。

（三）供应链的流程

供应链包括物资流通、商业流通、信息流通、资金流通四个流程。四个流程的功能各不相同，流通方向也不一致。

1. 物资流通

物资流通主要为物资的流通过程，将其制造产品、创造价值的生产和使用产品的消费连接起来，也就是将商品送到消费者手中的过程。长期以来，企业理论多是以商品实物为核心展开的，因而物资流通具有很重要的地位。如何保持低成本将商品送出去是很多企业的重点课题。

2. 商业流通

商业流通主要为买卖的流通过程，包括接受订货、签订合同等商业流程。随着经济全球化和互联网的兴起，商业流通形式也逐渐多元化，包括店面销售、上门销售、O2O、网店等。

3. 信息流通

信息流通是商品及交易信息的流程。信息流在供货商和消费者之间双向流动。以往，人们着重点在于物资的流通，而忽略信息流通，但随着业务复杂化和细分化，信息流通占据着越来越重要的地位。

4. 资金流通

资金流通就是货币的流通。资金是企业的"血液"，是企业正常持续运营的保障，如果资金不流通，则企业无法建立完整的经营体系。包括资金的及时回收、投资资金、融资等。

综上所述，随着时代的发展，人们对供应链的认知也不同，但就网链阶段来说，供应链涵盖了从提供原材料的供应商起，到工厂的开发、设计、加工、生产，再到销售将产品或者服务送到消费者手中的每一项业务活动。

如今供应链的地位越来越重要，进入 21 世纪，并非指企业和企业之间的竞争，而更多的是指供应链和供应链之间的竞争。作为供应链中的一环，企业必须和其他企业联手合作，以供应链的形式与其他企业组成的供应链竞争，而供应链的竞争必然少不了供应链金融的规划和有效管理供应链。

二、供应链金融的定义

（一）核心企业

供应链是以核心企业为依托组建的企业生态圈，涵盖核心企业的上下游各企业，也就是核心企业以自身的商业信誉为其做背书。金融机构收集供应链内的各种信息，然后将其整合、打包、分析，从而判断是否提供融资。

（二）技术平台

供应链金融的核心是根据所收集的信息进行分析，从而确定融资的需求、规模、期限等，并在这一过程中尽量降低融资成本。而解决方案通常由核心企业、金融机构及作为核心企业和金融机构信息流通的桥梁的技术平台服务商组成。技术平台的作用是为核心企业和金融机构（尤其是后者）提供信息，包括订单的签发、按进度的阶段性付款、库存信息的变动、发货、消费者确认付款等，这些都是金融机构所需的信息。

（三）金融机构

金融机构通过对于供应链管理程度的掌握，以及了解核心企业的实力、规模、信用等，将供应链成员之间信息流、物流、商业流、资金流有效整合，而为整个供应链中的企业提供灵活多样、创新丰富的融资服务，甚至为单个企业提供定制化的融资服务，从而提高金融机构的资金利用率和运行效率。

供应链金融概念在分析链条内部交易结构的基础上，采用自偿性贸易融资的一种信贷方式，在运作过程中引入核心企业、第三方物流企业等，以降低供应链的风险，以真实的贸易交易背景和交易行为为基础，为链条各企业提供供应链金融解决方案。

由此可知，从不同的角度来看，供应链金融的含义也是不同的，如今人们普遍认为供应链金融，是为中小型企业制定的一套融资模式，将资金整合到供应链管理中，以核心企业为中心，以真实存在的贸易为背景，通过对资金流、信息流、物流等进行有效的控制，把单个企业的不可控风险转变为供应链企业整体的可控风险，通过立体获取各类信息，将风险控制在最低，从而提高链条上的企业在金融市场上融得资金的可能性，进而促进链条上企业之间的高效运转，实现资源的有效整合。从模式上看，供应链金融融资较之于传统融资更加便捷，融资企业议价能力相对提高。

供应链金融与传统贸易的保理、货押业务有明显的区别，保理和货押属于简单的贸易融资商品，而供应链金融是核心企业与金融机构之间达成的面向供应链成员企业的融资业务。前者是基于单个融资企业或者单个融资节点进行的融资，而后者更加注重金融机构和核心企业在供应链链条的整体把控能力和资源控制能力，金融机构和企业之间的交互性更强。

三、供应链金融的理论基础

（一）自偿性贸易融资

贸易融资，是指在商品交易中，银行运用结构性短期融资工具，基于商品交易（如原油、金属、谷物等）中的存货、预付款、应收账款等资产的融资。贸易融资中的借款人，除了商品销售收入可作为还款来源外，没有其他生产经营活动，在资产负债表上没有实质的资产，没有独立的还款能力。这种融资的机构化特性旨在弥补借款人较低的信用登记。融资的风险主要反映在融资的自偿性程度及借款人对交易进行结构化设计方面的技能，而不是借款人本身的信用登记。

因此，自偿性贸易融资是指以企业真实的贸易背景和上下游客户的信用等级和信用额度，采用单笔或者额度授信方式，将企业的销售收入、存货、贸易所衍生的未来现金流收入当作第一还款来源的一种融资模式。

自偿性贸易融资模式的重点在于金融机构对物流、资金流的控制，或者对有实力的关联方（如核心企业）的信用捆绑，同时在控制授信资金风险的前提下所提供的授信额度。

中小型企业融资难是个相对普遍的现象，自偿性贸易融资拓展了其融资渠道。货权、动产质押、应收应付账款融资、担保、信用证等金融产品，解决了中小型企业难以取信于金融机构的难题，减少了金融机构与企业的信息不对称问题，可以说，自偿性贸易融资让中小型企业融资变得切实可行。如果金融机构能够控制好风险，将会实现金融机构和企业的双赢。

（二）结构融资

结构融资是创造性或者创新性地将各种融资方式进行组合、搭配等，为企业提供融资解决方案，这一过程中要考虑到企业的实际状况，包括融资金额、融资期限、融资用途等。

结构融资模式相当于为融资企业切实量身打造一种融资方案，将每宗业务的特征作为主要根据，如根据资金需求、用途等为其找出一个最佳的融资解决方案来，因而有极大的弹性，能满足不同企业的不同融资需求。

最佳融资解决方案是指根据借款企业的信贷等级、信贷额度、还款来源、还款方式、企业运营状况、还款期限、所能承担的融资成本等来设计一个对金融机构、融资企业等都有利的解决方案。

由此可以看出，供应链金融的理论基础是自偿性贸易融资理论和结构融资理论。供应链金融是以企业的销售收入、存货、贸易所衍生的未来现金流收入当作偿还借款的第一来源，而同时根据链条各企业的交易行为，为其提供相应的授信和融资。此种融资模式需要融资组织者将各类融资产品巧妙地加以安排，以找出适合企业的结构性融资方案，提高融资效率，降低融资成本，使风险和成本相对可控。

四、供应链融资的特点

供应链融资将供应链中的核心企业和其上下游的相关企业作为一个整体，以核心企业为出发点，为供应链上的节点企业提供金融支持。

一方面，将资金注入供应链中处于弱势、有资金需求的上下游配套中小型企业，以解决配套中小型企业融资难、担保难的问题，打通上下游融资瓶颈及解决供应链失衡的问题；另一方面，将银行等金融机构信用融入供应链中的节点企业的购销行为，提高其信用等级，帮助链条企业和核心企业建立战略协同关系，从而优化供应链，提高其竞争力。

（一）以核心企业为着眼点，分析整个供应链，将金融机构的资金注入上下游企业，满足其发展和运营所需。核心企业在此过程中起到非常重要的作用，以其真实履约为保障，以其超强的商业运作能力来有效地控制供应链的融资风险。也就是说，供应链金融多是以核心企业为依托的。

（二）链式融资为组合关联授信。重点关注链条内各企业主体的履约能力和偿还能力，在供应链流程中分析供应商、制造商、经销商、零售商和消费用户等不同主体的具体融资需求，为企业提供融资解决方案，控制其信用风险，以确保供应链能够持续发展。

（三）供应链融资解决方案不是提供单一的融资产品，而是综合性融资服务，即各类融资产品的组合。

金融机构根据供应链各节点企业的融资需求的规模、特点、期限等而嵌入相应的融资产品，形成产品集群效应。

（四）通过对核心企业的责任捆绑，将供应链的物流、信息流、资金流等进行有效控制，针对链条节点上的不同企业的融资需求，银行以企业之间的交易行为作为基础为其提供综合性融资服务，从而确保整个供应链商品交易能够有序、稳定、持续运行。

融资被注入供应链后，后者得以激活运转，从而提升供应链的整体市场竞争能力，同时由于银行信用的支持，供应链中的各企业也会获得更多与大型企业合作的机遇。

实质上，以大型企业的商业信誉做背书，用其强大的履约能力和偿还能力为配套企业融资。

（五）银行对供应链各企业所处的行业运营规律有着全面而深刻的了解，在开展业务时将企业视为中心，与各企业的供应商、销售商、零售商、物流监管企业等默契合作，以掌握各企业的详细信息，为其提供"量身定做"的综合性金融服务方案。

（六）供应链融资重点在于交易的真实性和连续性、融资企业的履约能力、贷款的自偿性、交易的封闭性。

这种模式，能够将贷款风险控制转移到企业生产、存储、交易环节，以有效地控制供应链整体风险来强化节点企业的风险个案防范。

因此，供应链融资也可称为对重点行业的整体融资解决方案，着重点在于整个供应链对金融机构的价值，而并非单一节点企业对金融机构的个体回报。

所谓的供应链融资，本质上看就是金融服务者通过对供应链参与企业进行综合评估，针对企业流动性差的资产，运用恰当的金融产品，实现闭合的资金运作模式，其间或借助第三方仓储、物流等中间企业的渠道优势：①交易封闭性：基于对资金流、物流、商流的控制，结合授信、动产抵押、质押等操作方式，整个融资过程中具有较强的封闭性。②自偿性：商品交易中的存货、预付账款、应收账款均以销售收入作为优先还款来源，还款来源有自偿性特点。③资金流向明确，风险相对可控：供应链融资基于真实的贸易背景产生，资金流向和用途均受到金融机构的监管，风险相对可控。

由上可知，供应链融资和"融通仓""物流银行"存在很多相同之处，服务的主体都为有融资需求的中小型企业，以核心企业为中心，采用现货质押或者未来货权质押的方式，使原材料采购、初步加工、制成品送到消费者手中这一过程形成了一个供应链链条，将供应商、制造商、分销零售商、消费者连接起来成为一个整体，从而为其提供融资服务，而供应链上的各企业分工合作，使整个供应链不断增值。

供应链融资服务创新处在于抓住核心企业的供应链，然后围绕供应链各企业之间的交易记录作为依据来设计融资产品，这种业务有效突破了传统银行的评级授信要求，也无须抵押或担保，从而创造性地解决了中小企业融资难的问题。

另外，供应链融资和供应链管理间联系紧密。供应链管理是指针对供应链进行管理，使整个供应链更加高效、快速增值；而供应链融资是指为供应链上的各企业提供融资服务的业务模式之一。因而供应链融资是供应链管理的一个分支。

五、供应链综合效益解析

（一）共享信息

处于供应链上的各企业能实现信息共享。上游企业可得知下游企业的产品或者服务需求，下游企业可分享上游企业的供给情况，从而合理安排生产任务。同时，处于供应链链条的企业制订出理想的采购计划，就能减少"牛鞭效应"带来的影响。

"牛鞭效应"是指需求信息从消费者传递到零售商、分享商、制造商、供给商这一过程中，由于信息不能有效地共享，导致信息扭曲随着传递次数而放大，需求信息波动逐级增大，因而造成信息偏差。

信息偏差为供应商带来了供应和库存风险，甚至进一步扰乱生产商的生产计划和营销计划，也就是信息波动至少会引起供应、生产、营销三方面的混乱，而供应链的信息共享功能可以有效地解决这一问题。

供应链各企业的需求预测、库存情况、生产计划、营销计划等能根据消费者的需求实时更新、改进，并通过现代化的信息网络将数据在各企业间共享和传递，上下游企业实现信息共享，这是非供应链内的企业无法实现的。

信息共享除了能为供应链各企业带来巨大的效益外，也是进行供应链管理的基础，毕竟没有信息，管理就无从下手。

（二）联盟的效益

供应链将核心企业、上下游中小型企业等有效组织起来，使之成为一个整体，共享信息、默契合作、协调行动，握紧一个拳头有力出击，可以有效提高生产效率、资源利用率和资金利用率，发挥各企业的优势，集长补短，产生集群效应，能够大幅降低物流成本、管理成本、交易成本等，助力各企业塑造品牌形象，将各企业实际上组成了一个战略联盟，同担风险，共享利益。联盟的效益是巨大的，而且远大于供应链形成前各企业效应之和。

联盟集合众多企业的优势，以优势人力、物力等资源来取得先机。即使是大型企业想与联盟竞争，也是讨不到好处的。

（三）降低成本，第三利润来源

供应链成本是指在供应链的整个运作过程中和周期内，由物流、信息流、资金流所引起的成本，包括原料成本、运输成本、设备成本、库存成本、劳动成本等。

对于供应链成本的研究经过了一个很漫长的时间，由最开始时的分销成本，到后期的将供应链成本等同于后勤成本，逐步演化到如今的供应链成本。但是即使在今日，关于供应链成本究竟包含哪些内容，仍是众说纷纭没有定论。

供应链管理的目的是降低整个系统总成本，这也是供应链不断进化的动力。在传统生产组织模式中，每个企业都将自身利益当作核心，考虑成本时，只是考虑局部的生产成本，但却疏忽了其他成本，如运输成本、交易成本、服务成本等，因而导致总成本非但没有降低，反而有所增加。

降低成本只是供应链管理的目的之一，同时还要强化供应链竞争地位。要想从竞争环境中脱颖而出，就需要有成本优势或者价值优势。成本优势，可以大幅降低成本为企业带来丰厚的利润；价值优势，则能为用户提供较多的附加值，满足用户的需求，达到提高市场占有率的目的。

当产品价格相同时，谁提供的附加值高，谁就更能得到用户的认可，供应链的竞争优势越大，就越能强化竞争地位；当产品所提供的价值相同时，则谁的成本越低，利润就越高，就能拥有较高的自主定价权，能为用户提供的附加值空间就越大，就能强化竞争地位，减少或者避免机会成本。

因此，供应链管理一则可降低生产成本、交易成本；二则能尽量减少和避免机会成本，从而达到降低总成本的目的。

不过在追求利润、降低成本过程中，不能简单地依靠用户剩余来获取。剥削用户剩余只能维持一时，而最终会降低供应链对用户的吸引力，从而导致整条供应链的竞争力下滑。企业应着眼于培养用户关系，着重提升供应链的成本效率，使整条供应链利润能在用户剩余合理的状况下达到最大化。相同地，采用增加用户消费成本来降低供应链成本的做法也是不可取的，此举会导致附加值的降低，导致用户流失。

供应链综合效益是巨大且惊人的，当各企业组成供应链时，彼此就成为一个整体，风险共担，利益共享，所产生的效益和竞争力是任何一个大型企业所不能比拟的。另外，供应链还能提高生产率和资金利用率等。

第二节　供应链金融的业务模式与风险控制

一、应收账款融资与风险控制

（一）保理业务

近年来，信用证在贸易中的使用率逐渐下滑，赊销结算方式已经取代信用证成为主流的结算方式。而赊销结算方式的日渐流行为保理业务的发展提供了基础。

百度百科将保理业务的定义为：供应商或出口商与保理商之间存在的一种契约关系。根据该契约，卖方、供应商或出口商将其现在或将来的基于其与买方（债务人）订立的货物销售或服务合同所产生的应收账款转让给保理商，由保理商为其提供贸易融资、销售分户账管理、应收账款的催收、信用风险控制与坏账担保等服务中的至少两项。

国内保理业务指企业将销售产品、提供服务或者其他原因形成的应收账款转让给资金提供方，在此基础上，由资金提供方提供应收账款融资和资信调查、应收账款管理、信用风险担保等综合性金融服务，因而企业能够在应收账款到期日前获得贷款，满足企业的资金周转需求。

应收账款融资是国内供应链金融最主要的业务种类，保理业务是应收账款融资的主要形式，但该业务办理的审查条件很严格，需提供相关的真实、客观的会计资料和经营资料，同时，金融机构为了降低风险，也会要求提供信用担保。

保理业务的办理流程：①出口商（或卖方）与进口商（或买方）达成协议，形成应收账款；②出口商（或卖方）将应收账款转让给保理商；③保理商审核买方的信用资质，给予相应的信用等级和信用额度；④买方做出付款承诺；⑤保理商向卖方提供融资服务；⑥应收账款到期日，买方偿还债款。

（二）保理池融资业务

如果企业存在买方分散、交易频繁、账期不一等应收账款，如果每笔应收账款都办理一次保理业务，工作量就会大幅增加，效率较低，此时保理池融资业务就应运而生了。

保理池融资模式指卖方将一笔或者多笔具有不同买方、交易期限的应收账款转让给保理商，也就是这些应收账款汇聚成一个"池"，用以企业融资，保理商根据"池"里资金数目，向卖方提供一定比例的融资业务。

该融资模式的特点是：凡是交易记录良好且应收账款余额相对稳定的中小型企业，

都可将一笔或者是多笔不同买方、不同期限和金额的应收账款转让给保理商，即可获得保理商的融资支持。另外，该产品的循环融资优势能为中小型企业长期提供融资服务。只要应收账款余额能稳定保持在最低余额之上，企业就能在授信额度内获得长期限的融资，可持续使用，保理授信的期限可超过每笔应收账款的期限和金额。

（三）反向保理业务

随着核心企业供应链意识的觉醒，这些企业希望能以债务人的身份介入卖家（上游供应商）的融资活动中，借助金融机构帮助，加强对卖家的金融支持，以保障供应链能持续、稳定运作，因此，就出现了一种全新的保理业务——反向保理业务。

1. 反向保理

反向保理：在供应链中，一些实力较强、财务状况良好的核心企业利用其较高的信用等级，用较低的成本获得融资，并将其引入供应链中，降低供应链上游供应商的融资成本，这种模式能够加强供应链的稳定性。

和普通保理一样，反向保理也是以供应链中的核定企业为中心，这些极具市场影响力的企业，掌握了供应链的核心价值，在上下游交易中占据优势地位，且核心企业通常信用等级很高，是银行等金融机构的重要客户。

反向保理是为核心企业的上游供应商提供融资，与核心企业相比，供应商规模小、实力较弱，在谈判中处于劣势，在交易价格、期限、结算方式等方面会受到核心企业的压迫，预付账款、应收账款、存货占用了企业的流动资金，因而资金流较为紧张，同时，由于信用等级不高，很难从金融机构获得融资。

反向保理和普通保理很类似，两者区别主要在于以下两点：①在风险管理上，反向保理业务中，保理商是评估买家（核心企业）的信用风险，而不是评估供应链上游供应商的信用等级。②买家通常具有较强的资信实力和信用等级，因而保理商只要取得卖家同意支付账款，就可发放贷款。此举能大幅降低保理商的放贷风险，也能降低融资企业的融资成本。

2. 反向保理业务的流程

应收账款融资的方法主要有两种：一是以应收账款作为质押物，即将融资企业的应收账款当作融资的质押物，从金融机构获得贷款，然后等核心企业付款后归还贷款；二是应收账款保理，将应收账款打包转让给保理商，从中获得融资。

反向保理业务所采用的是第二种方法。其目的在搭建供应链核心企业和上游供应商间流动性的交易链，供应商以核心企业的应收账款进行融资，并以核心企业的高信用等级代替供应商的低信用风险，以降低供应商的融资成本。

反向保理业务的基本流程：①供应商与核心企业签订买卖协议，结算方式为赊销，然后根据协议向核心企业（买方）发货；②核心企业收到货物后验收，然后将应收账款转让给保理商，并确认将来会如期归还货款；③保理商将应收账款情况告知供应商，并确认供应商是否办理反向保理业务；④供应商确认办理反向保理业务，并提出申请；⑤保理商根据供应商的申请，审核核心企业的信用资质，确定贷款利率，扣除相应的手续费，提供融资给供应商；⑥在账期内，核心企业将应付账款支付给保理商。

3. 反向保理业务的风险控制

反向保理业务是建立在真实的贸易交易基础上，交易行为背后都有对应的物流和资金流，将此作为质押物从保理商处获得融资，因而这种融资也具有自偿性，使得风险得到有效控制。目前，我国信用体系尚不完善，保理商很难全面知晓供应链的整体情况，因此，保理商应从以下三方面加强风险控制：

（1）加强对核心企业（还款方）的审查，尤其是信用资质

反向保理和普通保理的区别在于，反向保理业务中借款方为供应链上游供应商，但还款方却是核心企业，因此，应重点考察核心企业的信用实力和运营情况，如果核心企业有问题，则风险会快速扩散，与此企业相关的保理业务都会受到牵连。

（2）供应商准入制度

核心企业的供应商并非只有一家，良莠不齐，保理商很难从中选出风险较低的供应商来。供应商的货物如果有质量问题，供应链金融的业务模式与风险控制就会面临核心企业退货的风险，保理商可能就无法收回贷款资金。因此，建立供应商准入制度，对供应商进行科学评估，既能维持供应链的可持续发展，也能保障贷款资金的安全。

（3）加强对供应商和核心企业的实际业务的监控

主要监控两者合作关系是否稳定、货物质量是否合格及供应商是否真的运送货物，因此，保理商应加强与物流公司的合作，以便从后者手中掌握相关的交易资料。

（四）商业保理业务

根据服务机构的不同，保理业务分为银行保理和商业保理两种，从营业额上来看，银行保理在保理市场中占据绝对优势，不过银行对保理业务的定位存在偏差，在办理该业务时，主要考虑企业的资产规模、营业额流水量、负债情况、质押担保物等，因而银行保理业务主要服务对象锁定在大型企业。而更需要保理服务的中小型企业却难获得该服务。商业保理业务正是为了解决这一问题应运而生的。

商业保理是基于真实贸易背景和交易行为而形成的一种融资方式，供应链中的上游供应商将交易活动中所产生的应收账款债权转让给保理商，保理商以此为基础，向供应商提供买方资信评估、融资、信用风险担保、催收账款等综合服务。

与银行保理侧重于融资不同，商业保理公司更侧重于调查贸易背景、历史交易背景

数据、买方资信评估、应收账款质量、货物质量等，集调查、管理、结算、融资等于一身的综合服务，专注于某个领域或某一行业，为企业提供有针对性的、个性化的服务，而不是仅考虑卖家资信、信用等级和规模实力等。

商业保理的蓬勃发展，一是得益于国内中小型企业数量较多，且多数都存在融资难的问题；二是我国企业信用体系尚未完善，缺少有效的信用管理制度和信用评估方法，很难准确评估企业的信用等级，因而企业在赊销业务中冒着较高的应收账款信用风险。巨大的市场需求促进了商业保理的快速发展，成为中小融资的新型融资渠道。

（五）应收账款融资的风险

在过去，金融机构多采用不动产抵押担保贷款的经营模式，而应收账款作为新型融资模式，以应收账款质押进行融资，因而给金融机构带来了挑战。但这种模式能有效地解决中小型企业融资难的问题。

1. 应收账款融资的常见风险

虽然应收账款融资是供应链金融最主要的业务模式，但在实践中该业务的扩展却面临各种各样的风险。

2. 应收账款融资的风险控制

作为一种新兴的融资业务，应收账款融资非常适合那些销售渠道畅通、市场潜力较大、具有发展前景但规模、实力较小及盈利水平较低的中小型企业，能有效缓解这些企业的资金压力，是解决中小型企业融资难的有效渠道。但应收账款融资所具有的风险是其发展道路上的障碍，因此，应加强风险控制，建立风险预警、处理、善后体系，最大限度降低其风险，使其为经济发展提供巨大的助力。

（1）坚持质押物和企业第一还款来源分离

自偿性是供应链金融最主要的特点之一，所谓自偿指将企业的销售收入、存货或者是应收账款及将来的应收账款当作直接还款来源。如果质押物和企业的第一还款来源重合时，则意味着自偿性原则的失效，质押也就失去意义，此时金融机构就面临巨大的风险。

因此，在进行应收账款融资时，应坚持质押物和企业第一还款来源相分离的原则，这是降低融资风险的重要原则。

（2）加强对债务人的审查

应收账款最终能否按时收回，主要看应收账款债务人的还款能力和还款意愿，对债务人的审查主要是坚持"5C"原则，即品格、能力、资本、担保和条件。对企业的考察，还包括对其财务状况、经营状况、信用等级等进行综合评估，尽量选择还款能力强和还款意愿强的企业，降低应收账款融资的风险。

当然有时会出现供货方延迟交货、采购方延迟付款等问题，这就需要双方积极沟通，在催收时，也要考虑实际情况，考虑双方的责任大小，尽可能找出双方都可接受的方案。

（3）规范业务的操作流程

操作风险是供应链金融业务风险中较为常见的风险，是理应重点防范的风险之一。从引发操作风险的因素来看，主要为内部因素，如内部程序、人员安置、系统的不完善或者失效；操作人员越权或者违背职业道德和操作犯规的行为，导致操作风险具有很强的内生性。供应链金融要实现"四流合一"，就要严格规范操作流程，加强操作环节的严密性。

（4）质权设立后的跟踪管理

在质权设立后，保理商（或金融机构）应对该应收账款的履行情况进行跟踪管理，关注其回流情况，还要关注企业的销售收入、投资收益等现金流的回流情况，当发现应收账款的回流情况不理想时，可及时追加相应的担保，以确保还款来源安全、可靠。

同时，还要关注出质人、债务人之间的关系，通常情况下，质权人和债权人为同一个人或者主体，也可能出质人和债务人不是同一个法律主体，因此，要注意出质人和应收账款债务人是否恶意串通，以免质权无法实现。

二、存货质押融资与风险控制

存货质押融资指需要融资的企业（借方），将其拥有的动产作为担保，向资金提供企业（贷方）出质，同时，将物质转交给具有合法保管动产资格的物流企业（中介方）进行保管，以获得贷方贷款的业务活动，是物流企业参与下的动产质押业务。

可用作质押的存货种类在不断丰富中，原材料、半成品（在制品）、成品（产成品）、企业的机械设备等都可作为存货质押的担保物。

在购买原材料、生产阶段、存储阶段、发货阶段，企业或多或少持有相应量的存货，这些企业如果存在融资需求，则可以盘活这些存货，以质押方式获得融资。此笔款项可用于生产经营，达到减少在途货物对资金的占用，从而提高运营效率的目的。

在这一操作过程中，第三方物流企业也会以监管的身份参与进来，主要参与主体有保理商、融资企业和物流企业，融资企业以在第三方物流公司的存货作为质押物，其间引入第三方物流公司对质押物进行监督管理进行的融资。各自的角色是：第三方物流公司对货物完成验收并进行评估，向银行出具相应的证明文件，银行根据评估结果给予一定的额度授信。其具体操作方式有两种：质押担保和信用担保。

（一）质押担保融资

质押担保融资的具体操作方式是：融资企业、仓储公司、合作银行签署协议，开立账户。融资企业物资进入物流公司仓库，随后向银行发出贷款请求，物流公司收货后对货物进行验收和评估，向银行提交相关证明文件，银行依据货物的数额、贬值风险等给予一定额度的贷款。其间，融资企业清偿能力受限，银行享有货物的优先受偿权。融资企业通过销售存货回笼资金，银行在扣除前次借款和相应利息后，将余款汇入融资企业账户。

1. 提交抵押担保融资申请。融资企业向保理商（或金融机构）提出存货质押融资。

2. 价值评估。由保理商（或金融机构）邀请第三方物流企业评估融资企业所提供的存货的价值。之所以要求第三方物流企业，是为了确保评估结果的公正。

3. 开具评估证明。第三方物流企业向保理商（或金融机构）开具评估证明，以证明存货的价值。

4. 签订合同。融资企业与保理商（或金融机构）签署存货质押融资；保理商（或金融机构）与核心企业签署回购协议；保理商（或金融机构）与第三方物流企业签署存货监管协议。

5. 移交质押物。融资企业将存货移交给第三方物流企业。

6. 验收存货。第三方物流企业对融资企业移交的存货进行验收，验收合格后，通知保理商（或金融机构）发放贷款。

7. 发放贷款。保理商（或金融机构）向融资企业发放贷款。

（二）信用担保融资

质押担保融资中存在的最典型的问题是质押贷款手续复杂、耗时过长，因此，银行等金融机构可采用授信方式。即根据长期合作的第三方物流企业的规模大小、运营状况、管理水平，在综合考量后，给予相应的信用额度。物流企业根据融资企业的运营状况和担保物评估其信用资质，将融资企业存放在仓库里的货物作为反担保。银行等金融机构基本不参与信用担保融资业务。

该模式能够简化融资的手续和环节，便于企业快速获得融资；也有利于提高银行等金融机构对质押贷款过程的监督，优化其存货质押融资的业务流程和环节，降低风险。

信用担保的局限性在于对第三方物流企业的资质要求较高，要求企业运营状况良好、规模较大、财务状况理想、信用等级较高等，因此，符合此要求的第三方物流企业并不是很多，且授信额度也存有限制。

信用担保融资具体的操作方式为：合作金融机构直接对第三方物流公司进行综合授信，由物流公司根据融资企业的经营状况、市场控制能力等因素给予信用额度，第三方公司除了对融资企业的货物承担监管责任之外，还要为融资企业提供信用担保。

1. 给予信贷额度指标。资金提供方根据第三方物流企业的财务状况、运营成果、规模大小、信誉状况、业务范围、发展前景等，来确定第三方物流企业的信贷额度。

2. 申请信用担保融资。融资企业向第三方物流企业提出担保申请。第三方物流企业对企业的现状进行审查，包括存货现状、运营状况、财务状况等。审核通过，还涉及担保费用的收取等问题。

3.价值评估。第三方物流企业根据融资企业所提供的质押物进行价值评估，同时也会考虑到企业的资质状况，综合考量后，给予融资企业一定的信贷额度。

4.签署协议。第三方物流企业根据融资企业的信贷额度给予融资支持，双方签署存货质押融资合同，同时第三方物流企业与核心企业签署回购协议。

5.移交质押物。融资企业将存货移交给第三方物流企业。第三方物流企业对融资企业移交的存货进行验收，验收合格后，则进行下一步。

6.发放贷款。第三方物流企业向融资企业发放贷款。

7.偿还贷款。融资企业按期偿还贷款，如果融资企业未能按时偿还贷款，则第三方物流企业将质押物作为还款来源。因此，质押物作为第二类还款来源，是第一类还款来源的补充和保障。

存货质押融资充分实现了以物流拉动资金流的目的，一方面，有效降低了质押贷款的烦琐程序，提高了贷款效率和资金周转能力，同时降低了金融机构的融资风险；另一方面，通过引入第三方物流公司对货物进行监管，金融机构对整个融资过程的控制程度又有所提高。

另外，存货范围变得更加广泛，极大促进了存货质押融资业务的展开，然而银行等金融机构出于还款的便利和风险的考虑，会限制融资企业用于担保的存货品种，而倾向于钢管、钢材等价值较为稳定和较易核定的质押货物。不同货物的质押率是不一样的，原材料较易变现，质押率会高些，产成品的市场价格虽然高，但质押率要比原材料低一些。

（三）存货质押融资的风险

供应链金融中的存货质押融资和传统的信贷业务不同，区别在于它依赖于供应链上的真实贸易背景，且具有自偿性，但需要对质押物进行监控，操作较为复杂，涉及环节较多，因此，在考虑其风险时，除了信用风险、市场风险外，还要考虑供应链金融的系统风险，考虑质押物的变现能力及债权人的控制水平，因此存货质押融资的风险很多。

（四）存货质押融资的风险控制

1.准入体系风险控制

存货质押融资业务主要服务对象为缺少资金流动的中小型企业，而后者用于质押的质押物，普遍为原材料、在制品、产成品。这也是存货质押融资与其他融资不同的地方，在该业务中最直接的风险来自质押存货。存货既是价值载体，也是风险载体。

首先金融机构要选择质押物，其次还要选择合适的融资企业，调查融资企业的经济状况、财务状况、运营状态、资信程度等，综合进行分析后做出选择，以降低风险。另外，融资企业的第一还款来源通常是存货销售变现产生的现金流，不是投资运作产生的现金流，因此，要着重考察企业的销售水平、市场情况、产品周期性等，定期跟踪其销售情况、资金回笼等。

2. 融资企业的准入分析与控制

在选择融资企业时，首先要分析融资企业的资产负债率。要注意资产负债率过高的融资企业，不过在存货质押融资中，企业的资产负债通常比行业的平均水平要高，因此，金融机构要分析造成高资产负债率的原因。其次考虑到企业的现金流和销售收入，看其资金回笼速度能否满足偿还贷款的需求，还要考虑到企业的财务状况、市场状况等，可严密监控企业的财务状况，同时借助第三方物流企业的帮助，以存储产品的数量增加或减少侧面考核企业的销售情况。

行业环境也会影响融资企业的绩效和质押物价值，包括行业的总体利润、技术变化、发展前景、交易环境、周期等。通过分析行业环境，金融机构可以分析整体风险大小，也能判断企业的财务状况和销售情况是否受到行业因素的影响，从而更精准地掌握企业的情况。

3. 物流企业的准入分析与控制

存货质押融资业务中，债权人需要实时掌握质押物的状况，所以需要监督仓储、运输、销售等环节，因此，金融机构需要与物流企业合作，以实现动态的监督，便于金融机构在贷款风险可控的条件下尽量满足融资企业的需要。在这一过程中，物流企业对质押物的出库、运输、入库等信息进行动态监督。金融机构正是借助物流企业的帮助而实现物流和资金流的无缝对接。但由于当前物流监管还存在很多问题，比如，不规范、不够专业、诚信度不高，甚至与融资企业合作诈骗金融机构融资等，因此须对物流企业进行准入分析。

为防止因物流企业的因素而导致损失，金融机构应调查物流企业的企业规模、资金实力、资信程度、合作意愿、监督技术水平、仓促设备专业、操作规范等情况，尽量选择规模大、资信状况好、管理技术先进的物流企业，确定其在质押融资业务中的监管资格。

同时建立针对物流企业的监督控制体系，加强对物流企业的监督管理，重点调查物流企业是否按照规章制度进行货物保管和出入库操作、手续是否完备、货物是否足值等，对于物流企业的不合规的行为，要督促其予以改进，如果改后依然达不到要求或者不改进的，可予以替换。

4. 执行过程风险控制

存货质押融资业务在执行过程中，也可能会遭遇很多风险，如宏观、行业及供应链系统的风险、信用风险、质押物变现风险、操作风险等，因此，要加强对执行过程中风险的控制。

宏观与行业系统风险、供应链风险的控制主要在于建立监测机制，实时收集关于政策、经济、法律法规信息、行业内的供应链信息、供应链内部的信息等，实现实时监控与分析。另外，要建立预警和应急预案，在风险发生时，能及时进行风险控制，最大限度地降低损失。

信用风险，借助物流企业的帮助，实时关注融资企业的财务状况和管理状况，对于出现的问题，要及时分析问题产生的根源并及时解决问题，如果融资企业出现了较为严重的违约现象，则要快速控制融资企业的物流和资金运作，停止授信。

三、预付账款融资与风险控制

（一）预付账款融资的概念及流程

预付账款融资指承兑银行、供货商（卖方）、融资企业（买方）三方签署协议合作，协议按照保全仓库方式，即在卖方承诺回购的前提下，将贸易中的货物监管、回购担保等作为保障措施，并以此为基础开展的特定票据业务服务模式。

这种业务模式也被称为保兑仓融资，主要适用于供应链中的大型企业与其下游经销商，两者间因长期供求关系而构成商品交易关系或债权债务关系。且两者间进行交易的商品具有用途广泛，较易变现；价格较为稳定，影响因素较少；质物形态风险低，不易变质，不易损，保管条件较简单的特征。

具体操作方式为：上下游企业签订交易合同，共同向金融机构办理保兑业务。买方获取该笔交易的仓单质押贷款额度，向供应商购买货物。金融机构与卖方签订质量保证协议和回购协议，与第三方仓储物流机构签署仓储监管协议。卖方在买方获得银行融资后，对仓储物流机构发货，并获取仓单。买方向金融机构缴纳承兑保证金及手续费，卖方将仓单质押给银行，银行开具承兑汇票，由此买方获得了提货权。需要说明的是，该类业务有买方承诺回购，有效地拓宽了卖方的销售渠道，而买方也可以分批次购得货物，降低了财务成本和仓储成本。

因此，保税仓业务实现了融资企业（买方）的杠杆采购和供应商（卖方）的批量销售。

1. 签订购销合同。供应链中的上游供应商（卖方）与融资企业签订购销合同，双方共同向银行申请办理保兑业务。

2. 银行审核。银行审查供应商的资信程度、财务状况、回购能力等，审查通过后，与其签署质量保证协议书和回购协议书。

3. 签署仓储监管协议。银行与物流企业签署仓储监管协议书，物流企业应尽到监督监控的责任。

4.签发承兑汇票或开立信用证。供应商从银行处获得既定仓单质押贷款额度，银行签署以供应商作为收款人的承兑汇票或者信用证。

5.发货至物流企业。银行同意向融资企业提供融资，并通知供应商。供应商向物流企业发货，并取得仓单。

6.仓单质押，开立汇票。供应商将仓单抵押给银行，银行签发承兑汇票，供应商将承兑汇票交付给融资企业。

7.缴纳保证金。融资企业向银行缴纳提货保证金，银行根据金额大小释放相应比例的商品提货权给融资企业，并通知物流企业。

8.仓库提货。融资企业从银行处获得相应比例的商品提货权，然后去仓库提取该比例的商品。

在此业务流程中，7和8是可以不断重复的，融资企业不断补充保证金，然后银行释放相应的提货权，融资企业提取货物，直至融资企业缴纳保证的数额等于汇票金额，中小型企业将货物全部提取完毕。至此，与此项融资业务相关的回购协议、质押合同都应注销。

在预付账款融资业务中，中小型企业通过此融资模式获得分批付款、分批提货的权利，不用一次性支付全部款项，因而能够缓解全额付款带来的资金压力，因此，中小型企业便能以较低的价格进行大批量订货，尤其是销售季节性差异大的商品，可在淡季批量订货，在旺季销售，从而从中获得较高的利润。

对供应商来说，此举能增强其销售能力，解决产品积压问题，从而提高产品的市场占有率，从中获得更高的利润；锁定销售渠道，能在日趋白炽化竞争中获得优势，还无须向银行再次融资，维持低资金成本，同时提高资金利用率。

对于银行来说，这种业务模式以供应商承诺回购为前提条件，且以银行指定仓库的既定仓单为质押，掌握提货权，能大幅降低信贷风险，且能从中获得可观的服务费、汇票贴现费等费用。

（二）预付账款融资的风险

保兑仓融资模式由于金融机构掌握了提货权，融资须缴纳保证金，才能获得相应的提货权，因而大大分散了信贷风险。第三方物流企业有监管货物之责，能实时掌握货物的价格、入库、出库等，确保担保品的有效性。不过这种模式虽然能有效缓解中小型企业融资难的问题，但依然存在很多风险。

（三）预付账款融资的风险控制

通过对预付账款融资流程的分析，可以发现在这一业务模式中存在六个关键变量，即行业背景、供应链金融操作平台的建立、质押物权、核心企业的信用风险、融资企业的信用风险及第三方物流企业的信用风险。

四、三种主要业务模式的对比

供应链金融中三种主要业务模式有应收账款融资、存货质押融资和预付账款融资，三种模式间存在很多的区别，但也有很多共同点，如下所示：①金融机构拥有融资项下的资产或者由此产生的收入有一定的控制权或者全部控制权；②供应链金融具有自偿性和封闭性特点，融资企业可以没有实质性的资产或业务，第一还款来源是融资项的资产，其次为其他还款来源；③金融机构在考虑授信额度时，不再以企业的规模、实力等为主要参考因素，而是考虑真实的贸易背景、交易行为等；④金融机构结合融资企业的资信等级，重点考察这笔融资业务的自偿性和融资企业运用资金的能力，以此为基础给予相应的信用额度。

从融资模式来看：应收账款融资主要针对的是供应链下游企业，进行赊销时因为账期较长，造成的资金面紧张，侧重于盘活企业未来的现金流；融通仓融资则主要用于盘活在途物资及产品库存占用的沉淀资金，最大限度发挥资金的使用效率；预付账款融资可以避免企业一次性采购带来的付款压力，特别是做大额订单，企业难以承担一次性大额付款，同时这种融资关系还能够帮助融资企业拿到超过资深资金能力的订单，并提升了上游供应商的销售能力。

应收账款融资、存货质押融资、预付账款融资分别以应收账款、存货、预付账款为质押物，从金融机构获得相应的贷款，供应链上的各企业都可以根据其上下游交易行为、交易周期、付款方式特点等来选择适合融资模式，以切实解决企业融资难的问题。

第三节　供应链金融行业前景展望

一、互联网＋供应链金融的前景展望

（一）电商平台发展供应链金融业务值得期待

随着经济的发展，越来越多的企业意识到电子商务的重要性，电商平台因此迎来发展机遇，同时，由于中小型企业普遍存在融资难的问题，融资市场需求很大，电商趁机推出供应链金融业务，此举不仅改善了电商的服务质量、扩大了平台商家数量，而且也提高了电商的盈利能力。

电商的竞争已由零售、物流扩展到金融服务在内的供应链领域，电商为中小型企业提供融资服务，有利于实现盈利多元化，推动供应链上下游企业的共同繁荣，而且电商积累了商家的基本信息和历史信息等优质精准数据，电商可依据这些数据给予其相应的信用金额。

中小型企业商户在 B2C 电商网站上，积累了大量的经营数据，基本商户历史流水，就能衍生出针对商户上下游货物、服务赊购产生的应收账款的资金融通服务，这种服务一般由合作的保理或者小贷公司提供。也只有基于电商的消费场景，数据闭环的平台，信用赊购的垫付和应收账款才能有标准化扩张的可能。

电商参与供应链金融业务，主要有两种模式：一种是承担核心企业角色，无须投入自有资金；另一种是电商利用自有资金放贷，如阿里巴巴。

目前，涉及供应链金融业务的电商已有多家，且从电商供应链角度来看，其呈现出以下五个趋势：①电商与实体店铺融合。实体店铺一度受电商冲击很大，因此，纷纷参与电商，在未来，品牌销售将实现线上线下一体化。②线上化和去中间化。融资企业可直接在供应链平台申请贷款，平台实时审核，整个过程均可在线上完成，简化流程，降低人工成本和融资成本。将实现融资企业和融资资金提供方直接对接，去除中间化。③快递物流企业领域综合一体化。物流企业将由传统的运输、快运等转为综合物流供应链服务商，可以为企业提供金融等服务。④对安全的要求越来越高。渠道安全、运输安全、信用安全等。⑤物流最后一公里所面临的压力越来越大。

电商发展供应链金融业务无疑将会给供应链金融带来新的影响，且发挥巨大作用。其在供应链金融产品或者服务上的创新值得期待。

（二）供应链金融资产的资产证券化或成为新方向

百度百科将资产证券化定义为：以特定资产组合或特定现金流为支持，发行可交易证券的一种融资形式。操作模式是：首先将流动性较差的信贷资产，如企业的应收账款；其次经过调整、整合、改良等形成资金池，使资产所产生的现金流收益较为稳定，且会持续稳定下去，最后再加上信用担保，如此一来，就能将在未来可产生现金流的收益权转变为能够在金融市场上流动，且信用等级较高的债券型证券进行发行，这一过程就是资产证券化的过程。

如今可用于证券化的资产种类逐渐增加，电费应收款单、电影特许权使用费、健康会所会员资格等，都能证券化，但这些资产核心是相同的，即必须能产生可预见的现金流。

资产证券化有四种模式：实体资产证券化、信贷资产证券化、证券资产证券化、现金资产证券化。

从发起人（通常是金融机构、大型工商企业）的角度而言，那些缺乏流动性，但是在将来会产生可预见现金流的资产通过证券化，转化为流动性高、能在资产市场上流通、交易的金融商品，通过资产证券化发起人可以获得资金，以解决眼下的资金短缺问题。如大型工商企业通过资产证券化方式提高资产的流动性。

对于金融机构来说，资产证券化优势主要体现在以下两方面：一是将流动性较差的资产予以证券化，使其可以在市场上流通，金融机构可在不负债的情况下，获得更多的资金，以加快资金周转，提高资产流动性；二是资产证券化是金融机构补充资金的有效手段，能够增加其流动性。

比如，电商平台可以搭建一个供应链金融的资产证券化交易平台，提供供应链金融应收账款的一条龙解决方案，在初始交易完成后，将采购合同、应收账款、期限、资金流、债务债权信息予以资产证券化，在平台上公开，购买证券产品的资金提供方可查看。

（三）关注垂直细分领域

供应链金融的本质依然是金融，而后者的本质属性决定其不会出现高度集中的场景，且供应链金融业务向纵深发展的趋势越来越明显，细分化将是其发展的必然道路，如今已有越来越多的平台关注垂直细分领域的供应链金融这一块大蛋糕。

随着供应链金融的发展，其产品创新节奏已有所放缓，更加关注垂直细分领域的供应链金融需求，更精细化运作。

每个垂直细分领域都有其特定的属性，且垂直领域可能衍生出千亿级的市场，发展供应链金融，将融资更加精细化和集成化，在垂直行业精耕细作，开辟新市场，如教育、培训等。选择现金流相对较好的行业，纵深发展供应链金融业务。

如有专注于做高新医药的、有专注于农资消费场景的、有专注于教育教材的、有专注于钢铁销售的，这些都属于行业垂直细分领域。

随着竞争加剧，供应链金融业务发展已到一个瓶颈期，而突破瓶颈最好的方法是深入行业、细分领域，在"巨头"尚未关注的细分领域里，构建自己的核心竞争力，以实现"弯道超车"的目的。毕竟市场经济也是追求"差异化"的经济。

供应链平台依托于产业，形成供应链闭环，可为整个供应链企业提供金融服务，打造优质供应链，提升供应链的竞争力。

（四）发展与供应链金融配套的基础设施，将迎来风口

中小微企业是国民经济的重要组成部分，占据产业链80%的比例，这类群体普遍存在资金短缺问题，而银行等传统金融机构并不待见这类群体，因而传统金融机构的服务缺位很明显。同时，未来的竞争将不再局限于企业与企业之间，而更多的是供应链与供应链的竞争，因此，发展与供应链金融配套的基础设施，将迎来风口。

供应链金融要想快速发展，除了要在产品和服务上创新外，还要发展与供应链技能配套的各项基础设施，比如，参与产品的设计、生产、运输、配送、销售等环节、参与质／

抵押物的运营，以金融杠杆、互联网思维推动传统产业进行升级或转型。

1. 搭建供应链金融平台，将资产、支付、风控、征信、资金、法律等环节串联，以平台为中心形成一个闭环，提高资金运作的安全，确保供应链金融的高效运行。

2. 搭建信用基础设施，全国性、覆盖范围宽阔的互联网金融举报信息平台、行业内的信息共享平台。

3. 建立风控、征信、支付等基础设施，不过目前供应链金融具有线上化的趋势，线上化突破了地域、业务、机构的限制，但需要加强相应的金融基础设施建设，主要包括身份识别与征信、风险控制与金融管理技术应用、共同账户与托管三方面。不过这三项基础设施的建设都离不开大数据。

相较于传统金融机构的静态监控，供应链融资更加强调对动态数据的掌握，通过对商户的交易信息比对，从而得出贷款企业的授信区间，这意味着专注于此的大数据平台或机构将迎来发展契机。

4. 加强高新技术配套。主要包括数字签名、云计算、移动支付、身份认证等技术，此举能大幅度提高信息的处理速度，为供应链金融发展提供硬件环境。

5. 建设基于供应链金融服务的征信系统，将传统金融信息与供应链金融信息的壁垒打通，同时打通线上线下的金融信息，实现信息共享，并以电子交易平台信息、资金流动信息等为基础设立信用评价模型，给予企业相应的授信等级、授信额度，同时更好地了解企业的信贷情况、财务状况等，为企业提供量身定做的供应链金融解决方案。

6. 风险控制机制设施的建立。风险是制约供应链金融发展的重要因素，因此，要建立风险控制机制设施，从宏观层面而言，要建立市场风险、信用风险、数据风险的管理机制，加强对供应链金融的监管。另外，建立内部风险控制机制，设立严格的规章制度和操作规范，以降低风险。

二、中国供应链金融行业发展对策

（一）供应链金融的创新思路

目前，适度扩大总需求、加强供给侧结构性改革，以提高供给体系的质量和效率，是我国经济转型的重要突破口。金融端是供给侧改革的关键，改变以往的粗放式的经营方式，而转为全面创新、提高金融机构的服务质量和效率，优化金融资源配置，促使金融机构顺利完成转型。而供应链金融体现了金融机构供给侧改革的创新之举。

产业资本和金融资本跨界融合，供应链金融改革了传统金融，同时又兼顾了金融的爆发力和持久力。尤其是增加了国内中小型企业的融资渠道，为其提供供应链金融解决方案。

关于供应链金融创新，可以从以下四方面进行思考：

1. 观念创新

创新是金融发展的永恒主题，在供给侧改革中发挥重要作用的供应链金融亦是如此。

2. 技术创新

物联网技术的创新，能帮助其建立产、供、销的完整供应链信息系统；传感器的创新，可以将互联网运用到各产业中，建立起不同行业、产品的供应链信息管理平台；大数据技术的创新，能为供应链金融提供更好的数据收集方式，降低数据收集成本等。

3. 组织创新

目前，供应链金融主要围绕银行、第三方物流企业、大型企业等，但供应链金融应该突破这些范畴，围绕供应链管理，建立起实现集信息服务、资金服务、商业服务、物流服务于一身的供应链第三方综合物流金融中介公司。该公司既能充当金融机构解决生产、供应、销售等方面融资的需求，又能充当物流公司解决产品的运输、配送等。

对于金融机构来说，应围绕其管理体制、业务流程、盈利模式等进行改革，成立供应链金融业务部门，与供应链第三方综合物流金融中介公司合作，以提供更多的供应链金融产品，更好的供应链金融服务，实现企业、金融机构双赢。

4. 制度创新

即银行分业管理向混合业务管理转变，银行可以将非核心的业务整体外包或部分外包给中介公司；逐步放开供应链金融的参与门槛，让具有条件的公司也能依法开展供应链金融业务。

供应链金融业务中，金融机构的身份为质押人，但其监管质押物的条件并不完善，需要借助第三方综合物流金融中介公司的帮助，这类公司不仅可以帮助金融机构监管质押物，还能为金融机构提供很多信息，有利于解决信息不对称的情况，同时也能帮助金融机构提高风险控制能力、综合服务能力。

（二）供应链金融的信用风险管理建议

1. 完善商业银行的信用风险管理建议

商业银行是供应链金融的重要参与主体之一，其在审核融资企业的信用等级和信用额度时，也应注重自身的信用风险管理，并予以改善。

（1）完善内部信用评级操作，目前，多数商业银行的内部评级系统并不完善，包括评级方法、评级结果的审核等，具体表现有评级方法偏向定量化、数据库信息资源不足、难以把控整体风险，评估的结果不够准确等。

对此，银行首先应设立资产评估体系，设立供应链金融信用风险评估指标，建立企业的信用档案；其次建立预警评估体系，当某项指标值超过临界值时，就会发出预警信号；最后完善信用管理制度和操作流程，操作风险已经是供应链金融风险不可忽视的部分，应建立监督、检查制度。

（2）授信流程的控制和信贷人员管理的加强，授信流程的控制主要集中在风险方面，包括风险识别、风险控制、风险处理等；信贷人员的管理主要集中在培训方面，要求其严格按照规章制度做事，遵守业务流程，同时要予以监督和采取相应的激励措施。

（3）实行分层管理，主要是指以整个供应链整体实力为基础，以企业在供应链中的地位作为评估基础，不同的授信额度采取不同的申报审批程序。如果金融机构认为企业所需的额度超过了其既定限额，则应对其特殊处理。一味地降低信用额度是不可取的，而是应综合各方面的信息，给予企业最合理的信用等级和信用额度。

（4）加强信息控制来防范风险，要及时掌握供应链信息流中的各种信息，掌握供应链的运营情况，这就需要建立高效的信息共享平台。及时获得信息才能快速做出决策，如果是不利信息，则能尽快采取措施将风险降到最低。

2. 建立有效的信用风险应急管理系统

处理信用风险的关键在于，将被动反应的风险管理模式转变为主动预防型的风险管理模式。供应链金融涉及范围较广、参与者多、信息量大，各个环节的风险因素也很多，因此极易出现风险。所以，有必要建立有效的信用风险应急管理系统。

该系统主要有风险发生前的控制和风险发生后的处理两个作用。首先，建立应急管理系统，应成立应急小组，且须做到统一指挥、职责明确、信息通畅、对风险保持敏感及做出快速反应的能力。其次，链条上的各企业都应有应急计划。

3. 加强社会信用体系的建设

供应链金融各参与者都是以契约形式相互合作、互助互惠的，能以数据为基础搭建技术模型，用来评估潜在的信用风险，从而达到规避风险的目的。不过在供应链金融风险中，人为的道德风险占比很重，而加强社会信用体系的建设是规避该风险的有效途径。

社会信用体系主要利用激励惩罚机制来约束企业的信用行为，对守信用的企业予以奖励，对失信的企业加以惩罚。

（1）从微观层面而言，信用经济是我国现代市场经济的本质，失信企业在融资上面临较高的授信门槛，使其运营成本增加；而在交易中，对方多会要求以现金结算或者提高现金结算的比例，这一举措无疑会加重企业的融资成本，让其运营速度减慢，失信严重的企业可能会面临倒闭的风险。

（2）从宏观层面而言，市场经济有其局限性，因此，需要社会信用体系影响供应链各企业的信用行为，监督部门会对失信行为予以处罚。如果企业的信用记录良好，那么则可降低交易成本，会给企业带来边际收益，而如果信用记录不好或者道德风险较高，则企业会陷入较为恶劣的经营环境中。

（3）从社会角度而言，社会信用体系的建立有利于降低恶性竞争、不正当竞争等。

（三）供应链金融可持续发展的策略

随着我国经济的发展，尤其是对外贸易的快速发展，国内供应链也逐渐走向成熟，以此为基础的供应链金融，以中小型企业为服务对象，以核心企业的信用为支撑，为链条上各企业提供金融服务，能够有效解决中小型企业融资难的问题，对促进金融机构改革和推动经济发展都有着极为重要的意义。

不过随着经济全球化的深入，国际贸易日新月异，而且国内经济机构、发展方式处于转型阶段，外部环境逐渐变得复杂，供应链金融发展遇到了很多难题，其发展速度已经变缓，如何推进供应链金融的可持续发展已成为亟须解决的重要课题。

1. 产品研发贴近产业链

供应链金融产品的研发应贴近产业链。产业领域出现供应链化趋势，供应链金融唯有和产业链结合起来，才能提高后者的竞争力，因此，应注重研发贴近产业链的产品和服务。

产业链金融是金融机构以核心企业为参考对象，以链条上各企业所处的地位和作用，为其提供金融解决方案，是一种服务模式。产业链金融只有立足产业链才能推出更符合产业链需求的产品和服务，才能扩展业务，赢得可持续发展的机遇。

不同产业链间的交易模式差别很大，各产业链企业的需求也不同，因此，金融机构应围绕产业链本身为其量身定做金融产品或服务。而且以产业链为基础进行产品设计，有助于提高创新效率。如在研究煤炭产业的基础上，金融机构关注产业链的上下游，上游寻找煤炭资源，下游寻找终端客户，为用户设计如应收账款融资、存货融资、抵押融资、预付账款融资等结构化融资解决方案，这样研发出来的产品和服务会很契合煤炭产业。

2. 关注客户需求和反馈信息

供应链金融是建立在客户需求基础上的，而获得用户需求信息方法主要有深入进行行业研究和与客户交流，从中获得客户需求和反馈信息，以此为基础开发产品和服务，就能避免"闭门造车"。而需求也是创新的基础，从而推出具有创新性的产品和服务。

供应链金融是金融机构面向链条企业推出的综合性融资解决方案，是建立在供应链的信息流、资金流、物流基础上的。而供应链金融能够带动产业链客户群的扩展。如金融机构向某个产业的供应链企业提供金融服务，帮助该供应链企业提高运营效率，提高整体竞争力。而金融机构在此供应链的成功是可以复制的，将其复制到同一个产业的另一条供应链中，为其提供金融服务，依此类推，实现行业内横向的产品复制和纵向的客户群延伸，这对供应链金融可持续发展至关重要。

3. 加强风险管理

由于具有自偿性特点，供应链金融业务的风险很低，但并非没有，其风险主要源于上游履约能力、下游支付能力、货物的市场价格波动等要素。

金融机构应采用产品组合方式或结构化安排，对交易过程实现全流程控制，针对交易环节的风险点制订相应的解决方案，以实现风险缓释或者转移。同时也要着手建立相应的信用评价等级，为链条企业提供相应的信用等级和信用额度。

供应链金融可持续发展必然建立在风险控制的基础上，从供应链金融业务的风险特点着手，审视业务风险的控制方法和控制基础。结合供应链金融业务中的风险特性进行评判和管理，才是契合供应链金融业务的风险控制。

4. 电子化互通

近几年来，信息技术与供应链金融业务联系日趋紧密，尤其在信用证、托收等传统结算方式退出主流支付方式后，以真实贸易交易背景为基础的信用支付逐渐兴起，信用支付效率高、速度快，且成本低，使得传统贸易融资的发展空间逐渐缩小。

同时随着国内金融机构意识到供应链金融的庞大市场，供应链金融业务竞争也越来越激烈，依托信息技术建立电子化平台是提升供应链金融实力的重要方法，因此，电子供应链已成为金融机构打造核心竞争力的必然选择。

电子供应链是指金融机构采用电子信息技术、互联网服务平台，研发一系列的电子化的金融衍生产品与服务，并实现内外部数据交换，包括厂商、链条各企业、客户数据，以为供应链核心企业及上下游企业提升服务品质、降低成本的一种新型服务模式。

采用电子技术，集中协调链条上各企业的关键数据，如生产状况、库存状态、运输安排、订货、在途物资、销售分析、资金结算等数据，同时采用电子信息技术实现订单的电子化操作、库存自动化处理和控制、批量和上传跟踪信息、在途物资盘点等重要信息。跨越了从原材料、生产、运输、分销、存储、销售的过程，涉足供应链上下游各企业和客户，如供应商、生产商和零售商等，降低数据获取成本、便于管理人员快速获得信息，有效缩短金融机构和企业在供应链运作过程中的反应时间、增加资金流动性，提高企业财务运营和控制能力。

这种方式能有效改善金融机构对基础交易信息的完整性、及时性和真实性的驾驭能力，透明、高效、快捷的电子化方式将供应链金融业务的流程信息反映在网络上，能够帮助链条企业、银行及时了解进程的动态，从而根据信息提供量身定做的金融解决方案。

随着经济全球化，专业化、细分化已成为一种发展趋势，这也给供应链金融带来了发展机遇，因此，适应时代需求的与具有创新性的供应链金融产品和服务不断出现。在新的市场格局下，金融机构应对自身的发展做出规划，同时也要因外部环境的变化而做出调整和应对。供应链金融从业者应积极摸索和创新，遵循为客户提供优质服务的宗旨，为其提供一站式供应链金融服务，通过精准的流程管理推动供应链金融可持续发展。

供应链金融可持续发展必然以整个商业生态为基础，覆盖供应商、采购商、生产商、销售商、投资人、消费者等链条上的各个群体，唯有在此生态圈中，所有群体都能从中获利，体系才能有效运转起来，实现供应链增值，从而发展壮大，实现可持续发展。

第三章 互联网金融众筹创新模式

第一节 众筹的起源与发展

一、众筹的含义

众筹，翻译自国外 Crowd-funding 一词，即大众筹资或群众筹资，香港译作"群众集资"，台湾译作"群众募资"。它是指用团购＋预购的形式，向网友募集项目资金的模式。众筹利用互联网和 SNS 传播的特性，让小企业、艺术家或个人对公众展示他们的创意，争取大家的关注和支持，进而获得所需要的资金援助。众筹的概念来源于众包和微型金融，在一定程度上可以被认为是众包的一部分。融资者借助互联网上的众筹融资平台为其项目向广泛的投资者融资，每位投资者通过少量的投资金额从融资者那里获得实物（例如，预计产出的产品）或股权回报。

现代众筹指通过互联网方式发布筹款项目并募集资金。相对于传统的融资方式，众筹更为开放，能否获得资金也不再是由项目的商业价值作为唯一标准。只要是网友喜欢的项目，都可以通过众筹方式获得项目启动的第一笔资金，为更多小本经营或创作的人提供了无限的可能。

二、众筹的种类

（一）债权众筹

投资者对项目或公司进行投资，获得其一定比例的债权，未来获取利息收益并收回本金。

债权型众筹指向众多投资者借贷，网贷实质上就是债权型众筹，其应用在我国大体上可分为三类：一是宜信模式，特点为拥有强大的线下团队；二是陆金所模式，主要特点为大数据运算；三是拍拍贷模式，即传统的基于纯中介的模式。

（二）股权众筹

投资者对项目或公司进行投资，获得其一定比例的股权。

股权众筹分为个人直接投资和集合投资。个人直接投资这种投资方式与网上购物类似，投资者直接浏览平台上列出的可投资项目，然后挑选个人认为有潜力的企业进行投资。筹资项目成功，投资者支付资金后，包括转让协议、股权凭证在内的文件都通过众筹平台的电子化程序进行处理。当然，与购物时关注产品的型号、性能不同，投资者此时需要关心的是企业创始人的背景、行业情况、主要产品、发展潜力，在此基础上综合做出风险收益分析。

如果项目投标满额，投资者会收到股权证明、投资协议书等纸质文件，以证明投资者作为股东的身份和未来收益凭据。一般情况下，众筹平台都会委托专门的投资公司或者律师事务所来处理文件内容。个人直接购买股份的方式对于投资人的要求比较高，投资人须对项目非常熟悉，具备一定的行业经验。平台上一般会提示投资风险，强烈建议投资者采取小额单笔投资，多样化行业项目的方式分散风险。有些平台还会代表投资者持有股份和管理投资，投资者可从平台及时得到投资反馈和企业的发展状况，公司发放分红或者转让股份同样由该平台转移给投资者。这样就免去了同时持有多个公司股票的投资者的烦琐日常管理事务。当然，平台会收取一定的管理费用。

为了加快筹资进程，让专业投资者和普通投资者更好地分配时间与精力，提高众筹的效率，股权众筹平台开始引入一种"领投 + 跟投"的制度，俗称"领投人"制度。

"领投人"制度的普遍做法是指定一名具备资金实力、投资经验或某方面专业技能的人员充当投资的领导者与协调人，其他投资人追随领投人进行投资。较早实施这种制度的是国外著名的股权类众筹平台 AngelList，称为辛迪加（Syndicates），其运作原理是如果某个投资人对某个项目感兴趣，可以创建一个辛迪加，自己投出该项目所需的部分资金，然后通过自己的社交网络、人际圈子，快速募集剩下的资金。在这种模式下，辛迪加的组织者承担着类似于 VC 的职责：发掘项目、识别风险。与此同时，他也享有额外的好处：第一，杠杆效应，组织者通过自身资金撬动更大一批资金；第二，附加收益，由于组织者承担了组织工作，可以多得一部分股权或收益；第三，组织者拥有更大的议价权和影响力，甚至可与筹资人签订协议，担任公司重要股东，参与公司的管理。

参加辛迪加的其他投资者相当于投资了一个无年费的风险投资基金，他们往往信赖组织者的专业经验，愿意把自己的资金投入辛迪加的项目中，这种方式省去了投资者在挑选项目、后续管理方面的时间和精力。另外，这种方式突破了最低投资额限制，一个投资者拿着面额只有 2500 元的支票，创业公司根本不会跟你谈。辛迪加机制使得"贫穷"的投资者可以成为公司的股东，这也是投资者投资陌生行业的讨巧方法。

辛迪加模式客观上要求组织者具备较强的能力，如创投经验、声誉、号召力和社交能力等。因此，知名的天使投资人在辛迪加模式中大受欢迎，初创企业也更愿意接受明星级别投资人的投资，一方面知名投资人能使项目获得高度关注，另一方面能帮助企业在短时间内筹集到预定目标的资金。

（三）回报众筹

投资者对项目或公司进行投资，获得产品或服务。

回报型众筹不提供金融回报，对不同出资额的投资人回馈不同类型且与该项目有关的产品或者服务，这类公益化、慈善化项目往往难以持续激起出资人的热情。譬如，你资助我开演唱会，我给你门票或光盘；你资助我出书，我给你书籍或印上你的名字等。

由于法律方面的限制，大多数众筹平台只能展开这种回报型众筹模式。通过互联网向公众筹集资金，融资方以相应的产品或服务作为回报，禁止股权、债券、分红、利息形式的交易。

（四）捐赠众筹

投资者对项目或公司进行无偿捐赠。一般众筹平台对每个募集项目都会设定一个筹款目标，如果没达到目标钱款将打回投资人账户，有的平台也支持超额募集。

捐赠型众筹指众多投资者为某个项目无偿捐赠资金，不在乎自己的出资能获得多少回报，更看重"重在参与"的属性，他们的出资行为带有更多的捐赠和帮助的公益性质。

第二节　众筹存在的风险问题

一、目前我国众筹普遍面临的问题

（一）众筹平台的盈利模式还存在问题

众筹网站的盈利模式是，如果在规定时间内未达到预定筹款目标，系统会将已筹集到的资金退还给出资人。如果项目筹款成功，网站将根据筹得金额按比例收取佣金，佣金是主要收入来源，其次还有广告收入。

具体而言，诸如 Kickstarter 等众筹平台的盈利模式通常是从融资成功的项目中收取一定佣金，费用比率一般为 5% 至 10%。但在国内，众筹模式很难收取佣金，而且由于量很小，即便收取也没有意义。

线上众筹平台目前收益模式与行业有关，例如，娱乐业可能有衍生品，很多众筹平台在尝试一些"未来权益"分成。不是赚在项目上，而是赚在项目外。不过，作为金融平台，众筹的主要商业模式终究还要回归佣金模式，只是它还不适合目前的发展阶段。"众筹在中国的发展空间很大，越来越多的人开始认识到它的潜力。不过，众筹在中国还谈不上生态系统，线上众筹平台要做的是通过持续创新，把市场培育起来，让更多的人接受众筹概念"。共同培育中国成熟的众筹市场。

（二）中国众筹征信体系及诚信环境缺失

征信体系也是众筹平台的一大难点，通过陌生平台或者弱关系开展众筹，筹资人的信任机制、分配机制、退出机制是否健全到足以让人相信，而且持久相信，这是一个很关键的问题。项目发起人可以利用虚假信息进行圈钱，领头人也很可能是同谋。

由于众筹平台游离于央行征信系统之外，再加之目前众筹缺乏明确的金融监管主体，很难被纳入央行征信系统。目前大多数众筹平台所能做的，是自建征信数据库排查借款人的恶意违约风险，央行的个人征信报告很难调用。除了央行的征信体系，个人信息的查询，身份识别，相关的其他司法状态信息等存在难以打通的障碍，金融大数据还是个美丽的梦！而且对于筹资者信用掌握是网站的核心竞争力，收集难度高，对技术水平和大数据的处理方面要求很高，如果企业没有足够的自我保护能力，一旦行业放开征信系统，实行数据串联，那对于很多众筹网站将是灭顶之灾。

（三）知识产权保护问题

投资者缺乏安全感，发起人也同样缺乏。国内知识产权保护的匮乏让筹资者面临创意剽窃的危机。鉴于国内知识产权保护现状，众筹平台无法保证创意不被他人剽窃，知识产权的权利人只能自己增强保护意识，部分披露产品或创意细节，同时与网站签订一些保密协议，防止项目鸡飞蛋打。但这样做却使得投资人看不到完整的项目和产品创意信息，无法做出投资决策，所以，大量的股权类众筹及高科技产品的回报类众筹不具有吸引力。

（四）中国社会对众筹认识不足，存在诸多误解

由于中国各地之前出现的民间借贷引发的跑路现象和对一些集资诈骗案件的处罚，使社会普遍把众筹与非法集资联系起来，一听到众筹立刻联想起非法集资问题。

再加之中国社会诚信体系尚未完全建立，社会普遍缺乏信任感，所以，这些因素都对众筹的发展不利，因为众筹是基于信任而产生的，没有信任就不存在众筹的基础。

众筹是非主流的互联网融资渠道，不向创业公司开放，只以音乐、影视、科技、漫画、游戏等项目名义筹资。投资者收益仅限于实物产品，并没有资金回报，众筹在国内变味了，成为广告投放平台。

二、众筹在我国面临的风险

（一）法律风险

众筹在中国可能遇到的第一个刑事法律风险，就是可能触犯刑法规定的非法吸收公众存款罪。非法集资应当同时满足如下四个条件：未经有关部门依法批准或者借用合法经

营的形式吸收资金；通过媒体、推介会、传单、手机短信等途径向社会公开宣传；承诺在一定期限内以货币、实物、股权等方式还本付息或者给付回报；向社会公众，即社会不特定对象吸收资金。

众筹模式在形式上似乎已经同时满足了这四个要素，即未经审批、通过网站公开推荐、承诺一定的回报、向不特定对象吸收资金。因此，众筹模式很容易被界定为非法集资。但众筹融资不是一项吸收公众存款的行为。支持人的出资不是以获得利息、固定回报或高额回报为目的的，而是一种项目资助、捐款，或是对模型产品预付款的性质。但这只是一种法理上的解释和判断，相关执法部门的意见往往能直接决定项目的生死，众筹的法律风险犹存。

（二）代持股的风险

凭证式和会籍式众筹的出资者一般都在数百人乃至数千人。部分股权式融资平台的众筹项目以融资为目的吸收公众投资者为有限责任公司的股东，根据有限责任公司由50个以下股东出资设立的规定，股东人数限制在50人以内时，将无法筹集到足够数额的款项来进行公司运作。因此，在现实情况中，许多众筹项目发起人为了能够募集到足够的资金成立有限责任公司，普遍建议出资者采取代持股的方式来规避《公司法》关于股东人数的限制。

当显名股东与隐名股东之间发生股东利益认定的相关争端时，由于显名股东是记录在股东名册上的，因此除非有充足的证据证明隐名股东的主张是正确的，否则一般都会倾向于对显名股东的权益保护。因此，这种代持股的方式可能会使广大众筹项目出资者的利益受到损害。

（三）知识产权受到损害的风险

主要是针对回报型众筹，其特点是众筹项目以具备创新性为主。回报型众筹平台成立的目的在于挖掘创意、鼓励创新；上线众筹项目的发起人的主要目的在于实现并贩卖其创意；而出资者的投资出发点在于支持创意、购买新颖的产品。但是发布在回报型众筹平台上的众筹项目大都是还未申请专利权的半成品创意，故不能按照知识产权相关法律保护其权益。

（四）众筹平台的道德风险

众筹平台的收入依赖于成功筹资的项目，因此，它容易存在降低项目上线门槛、允许更多项目进入平台进行募资的冲动。这种冲动在股权众筹中更易滋生，因为股权众筹的投资回报周期长，回报不确定性高，投资者自担风险的意识强。更严重的问题在于，众筹平台可能会疏于资料核实或尽职调查，导致错误资料误导投资人。如果这种情况发生，投资人很难对平台进行实质性的追偿，因为举证会非常困难，而要界定众筹平台是出于主观故意还是客观疏忽，则更加困难。

从众筹平台的业务性质上讲，它首先是信息中介。但是这一信息中介应掌握、核实、披露多少信息并无严格规定。在创业者与平台之间，平台与投资者之间，均存在信息不对称，这些不对称就造就了众筹平台道德风险的温床。

目前，对众筹平台的法律争论集中于平台地位与合法性问题，包括众筹平台的登记注册等事项，对众筹平台的经营限制主要是不能在自己的平台上为自己的项目融资（"自融"），整体上缺乏非自融项目的运作细则，也没有清晰界定众筹平台在一般项目上的责、权、利，因而并未消除众筹平台的道德风险。

事实上，众筹平台要维护两方面的平衡，其一是项目准入门槛和分成收益之间的平衡；其二是项目发起者和投资者之间的利益平衡。前者决定着众筹平台的短期收益，后者决定着平台的长期收益。目前并无既定规则限定众筹平台究竟应在多大程度上介入项目的标准制定和投融资双方之间的协调，但从长远角度，非常有必要对众筹平台的基本商业模式做出一定的限制，设立一些约束性指标，避免平台可能出现的、无视道德风险的过度自私冲动和利己行为，并防止出现恶性竞争，导致逆向选择。

众筹网站从无到有，功能从简单到逐步完善，归结起来都是从最基本的融资者与投资者需求出发，以商业利益为诉求，自然而然发展起来的。平台的约束和管理尚处于基于商业伦理的自发阶段。众筹行业的发展必然会催生更多众筹平台，不规范平台、事件的出现无法避免。如果放任自流，消费者的利益必然受到严重损害，进而导致整个众筹行业的形象与利益受损。

（五）信用风险

国内的个人消费和金融信用数据库由央行征信局管理，众筹网站没有权限共享相关资料，难以判断项目发起人的信用情况。因此，若筹资人有意隐瞒项目用途、资信状况时，很容易导致投资人把资金浪费在糟糕的项目上，甚至令经验不足的投资者陷入欺诈事件。

（六）投资者维权难的风险

投资者权益保护是一个体系性的问题，在以上的机制风险、项目风险和道德风险部分都有所涉及。除此之外，众筹模式下投资者权益保护的棘手之处在于损失的认定、举证、计算与追偿都比较困难，因而维权成本高昂，投资者有不易维权的风险。

以股票市场作为对比，股票市场本着"风险自负"的原则对普通百姓全面开放，但由于相关程序、规定极为严格，数据保存与信息披露制度相当完善。因此，无论上市公司还是股票交易所出现违法、违规行为，导致投资者出现损失，认定与举证相对容易，损失的计算与追偿大多可依照法律法规直接进行办理。而对于股权众筹来说，如上文所述，几乎不存在财务审核、信息披露的规范，想对损失进行举证非常困难，后续的损失计算与追偿更加困难。

再以商品众筹为例，项目失败是大概率事件，但项目失败本身并不是对投资者权益的侵害。真正损害投资者的行为来自两方面：第一是项目发起人故意做出误导性宣传，项目风险提示不足；第二是项目发起人自我认识不足，过分乐观或过度承诺。二者之间的界限很难区分，而通过各种交流机制，判断项目发起人或者团队的实力是否有可能完成项目，本身就是众筹投资者的职责，是投资能力和投资技巧的门槛。这种情况导致，即使出现创业者的主观恶意，平台也往往归咎于投资者的能力不足。既然损失认定都难以成立，后续的举证、估算和追偿只能是无本之木，投资者也只好自认倒霉。

第三节 众筹的监管及未来展望

一、众筹的监管

（一）国内众筹的法律监管

国内众筹面临的可能法律问题主要包括两点：非法集资和非法发行股票。前者主要针对商品众筹，若众筹平台在无明确投资项目的情况下，事先归集投资者资金，形成资金池，然后公开宣传、吸引项目上线，再对项目进行投资，则存在非法集资的嫌疑；若平台在投资人不知情的情况下将资金池中的资金转移或挪作他用，更有导致"集资诈骗罪"的可能。

为避免触碰非法集资红线，我国的商品众筹平台大多采用"预售"形式对众筹程序进行规范。众筹项目上线后，项目发起人的支持请求与回报承诺构成要约，该要约向不特定对象发出，一旦支持者接受该要约并支付了资金，他将获得一份商品预购订单，项目发起人与支持者之间形成商品购买合同关系。

在上述过程中，支持者向项目发起人的资金转移发生在项目上线之后，即先有特定的"预售"商品，才有"预购"行为，事前没有资金池，众筹平台就在一定程度上避开了非法集资的嫌疑。其次，平台以"订单"的形式明确了项目发起人与支持者之间的法律关系。"订单"作为合同受《合同法》《产品质量法》《消费者权益保护法》等相关法律法规的保护、规范与约束，项目发起人和投资者之间的责、权、利明确。众筹平台在此过程中的角色与职责、可类比于网络购物中的电子商务平台，并无特别之处。目前应亟须规范的，是众筹平台在项目发起人与支持者的交易关系中所需承担的职责与义务，包括信息保护职责、审查职责与纠纷处理机制等。

2011 年 4 月，商务部发布了《第三方电子商务交易平台服务规范》，对第三方电子商务交易平台的经营活动进行了规范。但是这一规范，连同之前的《关于网上交易的指导意见（暂行）》《电子商务模式的规范》《网络交易服务规范》均缺乏强制性，作用并不显著。因而从法律层面，众筹平台的地位、职责不清晰，会导致消费者的权益保护受到影响。尤其是众筹经常兼具捐助和资助的性质，风险远远大于一般的商品"预购"。在日前刚刚启动的电子商务立法中，是否需要考虑众筹的这一特殊性质，给出针对性的规范与规定，是个值得探讨的问题。

我国商品众筹平台遇到了另外一个法律问题，在于沉淀资金的管理与规范。在项目支持期结束之前，支持者的"预购"资金大多沉淀在平台内部；按照某些平台的规定，项目成功筹资之后，支持者的"预购"资金也会按期发放给项目发起人，在此过程中同样存在沉淀资金。如何保证平台不挪用这些沉淀资金，或者规范平台对沉淀资金的使用，确定资金的受益权，同样是一个需要在立法层面考虑的问题。

在股权众筹方面，我国的部分平台通过线上＋线下的两阶段模式对其中的法律问题进行规范。平台首先展示项目的股权转让与融资额信息，吸引感兴趣的投资者。在意向投资人与意向投资金额达到预期后，所有的活动转入线下，意向投资人严格按照《公司法》等法律法规进行股权投资操作。

根据这种两段式流程，众筹平台主要承担线上信息展现、披露的职责，在活动转入线下以后，平台提供流程、法律等方面的一些辅助服务。股份的转让以增资扩股方式由投资人与项目发起企业直接协调，依法完成，理论上不涉及股票发行。由于股权的交割不在平台上进行，平台不是承销商，亦不直接介入股份转让过程，从一定程度上避免了非法发行股票的嫌疑。但是如果严格按照"非法公开发行股票罪"的规定，股权转让信息一旦在互联网上公布，即满足"信息公开"的要件，如何界定这种行为的法律性质，需要做进一步的探讨，以期在鼓励金融创新与保护投资者利益、维护金融市场秩序之间做出合理折中。

部分平台亦会承担资金交割职责，与商品众筹类似，只要资金的流动在项目披露之后，平台不事先归拢资金，不存在资金池，就减少了投资人风险和金融诈骗风险。平台在股权众筹中的首要职责应体现于项目信息核实，保证融资企业资料的真实性和客观性，防止企业通过欺骗性、夸大性宣传误导意向投资人，或故意隐瞒对本企业不利的信息。从法律层面，应防止众筹平台与融资公司之间的关联交易、内部交易，乃至平台的"自融"行为。

无论众筹平台通过何种方式力图实现合规经营，众筹的高风险性都不容忽视。商品众筹的风险明显高于普通的商品预售，股权投资更是包含高度不确定性，二者都需要进行相关的投资者教育，并强化风险警示。

尤其对于股权众筹，是否需要建立特定的合格投资者门槛，部分平台做了一定尝试，例如，对投资者的身份进行审核、认证，限定普通投资者的投资金额等；再如通过领投人制度，由领投人作为企业董事会成员代行投资人职责；甚至领投人与所有跟投人签订有限合伙协议，以有限合伙企业的形式与企业签署投资协议等。这些措施的效果值得深入观察和评估，与此伴随的小股东利益保护问题，不容忽视。

（二）对众筹监管的一些建议

1.实施对投资者的适当性监管

设定一般性的准入门槛，注意适当扩大投资者的参与范围；限制投资规模，设定单个投资者的投资上限，引导合理控制风险。投资上限应根据投资者收入水平、财富净值、投资经验等实行差异化；对认可的投资者采取相对宽松的管理规则，鼓励认可的投资者参与众筹投资。

2.加强对融资主体的监管

发行人的信息披露制度，要求发行人通过平台向投资者披露公司的基本信息、股本及股东情况、财务状况、主营业务、治理情况、募投项目信息等；对发行项目的募资金额设立上限，把众筹跟传统融资模式区分开来，具体金额应根据发行主体的行业、资产规模、营业收入的不同进行设定。

3.严格众筹平台的准入标准

实行牌照准入制，对众筹平台的信息技术水准、业务流程、风险控制等方面设定准入标准；引入第三方机构（如银行、券商）以负责资金托管，代理众筹平台在投资者账户、平台账户与发行人账户之间的资金划转，保证资金的安全性；平台的内部风险控制规范，要求平台在发行主体信息核实和募集资金监控方面承担一定的责任；对平台的业务范围做一定的限制，如不可以提供投资建议或推荐；不可以参与发行人与投资者之间的交易等；要求平台在向投资者介绍发行项目时，要在显要位置进行风险揭示，提醒投资者参与众筹后会面临的风险。同时重视个人隐私保护，强化平台作为数据掌握者和数据使用者在数据保护方面的责任，加强对投资者的教育和保护。

完善资本市场发展赖以生存的社会信用体系和司法体系。建议在国家层面上建立统一的综合社会信用体系，提高失信成本。完善投资者司法救济措施，在《证券法》修订中增加代表诉讼、公益诉讼等条款，切实加强保护投资者的力度。

二、众筹的未来展望

（一）平台专业化、垂直化、国际化发展

由于众筹平台希望借力于市场分工，专业的、按产业与项目分类的平台正随着市场

分工呈现出来。评价众筹平台表现的是投资回报，而该项表现中特别突出的是针对某一种行业或项目的众筹平台，如关注电子游戏、唱片、艺术、房地产、餐饮、时尚、新闻业等的平台。目前，各家众筹融资公司都是融资不足，可以收购的资产很少，而且对众筹融资网站缺失标准化的估值方式，因此在未来几年，各大众筹融资平台将会通过国际化扩张而并非并购来使自身发展壮大。虽然目前存在一些收购交易，但是多数是收购相关运行网站的负债，然后投入更多的资金以吸引流量，因为众筹融资存在一个固有的挑战——促使流量流向自己网站的成本如同无底洞。未来将会看到一轮淘金热：在全球扩张的公司将会抢占市场份额，以创新作为明显优势实现内生性增长。

（二）投资本土化

"本土化投资改革"的兴起对众筹融资的本土化有很大的促进作用。大型公司、协会等开始把目光投向众筹融资，探索这一融资方式如何帮助团体提高社会知名度，检验市场，使得创业公司融入市场。这些团体采用众筹融资的好处不仅在于为众筹平台吸引了额外的资金，还将原本由公司内部做出的决定放到民主的决策平台上。

（三）线下活动增加，推动众筹经济发展

由于众筹的社会知名度，以及其联系小型企业方面的作用，包括世界银行、美洲发展银行在内的许多银行和类似机构都正在寻求通过支持众筹以推动经济发展的方式。众筹平台，尤其是基于捐赠的众筹和无利息众筹，向来都能获得慈善企业的支持。小型企业因为其融资需求量非常小，与众筹平台的供给条件非常匹配，个人捐赠或贷款就可能成为成功融资的契机。对这些部门来说，众筹是宏观经济发展升级的先决条件。通过融资活动开始仪式或现场融资展示不仅能吸引媒体注意，创造巨大的市场机会，还能帮投资者获得互联网所不能实现的排他性。现场融资展示在新产品、新交易的排他性方面远超在线融资。

（四）未来盈利模式多元化

目前，类似 Kickstarter 的主流众筹互联网平台大都依靠佣金的商业模式盈利，但收取佣金并不是众筹平台盈利的唯一渠道。伴随着众筹模式和众筹平台的不断发展，未来众筹盈利的新商业模式大概有三条：一是做资源平台，把网站上的创意产品和硬件公司、VC结合起来；二是做"内部投资"，由于掌握着众多优质项目，想要在商业模式上寻求突破的众筹平台在未来完全可以投资平台上的优秀项目，甚至直接转型为孵化器；三是在众筹平台互联网流量足够大时，也会自然衍生出广告这一互联网平台中非常成熟的商业模式。

（五）流程管理将成为众筹平台竞争力的关键

无论是商品众筹还是股权众筹，其风险不仅体现于投资标的（如项目和企业）的选择，更体现于投后管理，即如何确保项目正常运作或企业健康发展，即使是有价值、有前

景、可行性强的项目和企业，也会在执行过程中遇到各种主客观问题，导致失败，使得投资人血本无归。

投后管理的关键在于及时、准确的信息披露，异常事件的提早处理，重大事件的集体协商，以及项目、企业失败后的资产处置。要在不显著提高企业信息披露和外部管理成本的前提下实现上述目标，实质上意味着企业流程管理的完善化、标准化与透明化。在这方面，众筹平台责无旁贷。

以商品众筹为例，从样品研制开始到设计定型，再到寻找制造商、投入批量生产，会涉及众多环节，耗费大量时间。在此时间段内，若相关信息一直不透明，支持者未免会焦虑；若项目产生拖延甚至失败，支持者更易产生不满情绪。众筹平台搭建合适的流程管理系统，要求众筹企业使用该系统进行流程管理，记录企业相关的研发、经营信息，由流程管理系统定期自动导出重要信息在平台上公开发布，或在异常事件发生时回溯流程信息进行真实披露，将有助于建立企业与支持者之间的常态沟通机制，及时发现风险并予以调整。

如果将流程管理延伸至投前，创业个人或团队在提交项目时，便自动开通流程管理系统，项目的审批、上线、宣传与募资过程均在该系统中进行完整记录，就等于为大量创业者建立了创业档案，这些数据不但有利于潜在支持者完整了解项目发起人的相关信息，也有助于强化发起人信用，降低后续融资成本。

把投前流程与投后流程对接，支持者可以全面了解创业企业的业务、资金状况，平台亦因为握有企业的融资数据，可随时根据流程管理系统记录的信息，提示相关异常事件与风险，实现及时披露和及早介入。因为众筹平台上的项目发起人众多，流程管理系统的用户量大，系统研制与运营成本可被有效摊薄，并不显著增加平台和创业者的负担。

更重要的是，流程管理的作用不仅在于信息披露与风险防范。由于众筹平台上大量项目的类型划分较明确，类似项目会涉及相同环节，例如，科技产品的研发进度控制、寻找制造商、批量生产的质量与周期控制、寻找物流公司、处理贸易事项、销售渠道铺设等，都是共性问题。以初创团队的精力和经验，应对这些问题困难重重，众筹平台可发挥中介作用，联合平台上的其他科技产品项目，共同对相关环节进行处理，采用经验交流、集体协商、分工协作、联合议价等方式打通产业上下游，为初创团队提供切实帮助。在项目失败时，众筹平台也可以联系相关企业接收后续工作或联系资产处理机构处置剩余资产，把创业者、支持者的损失降低到最小。

众筹平台介入初创团队的流程管理与服务，意味着它将演变为创业联盟平台，兼具创业辅导、孵化器和流程管理商、资产处置中介的职责，形成创业支持的全方位服务，而不仅仅局限于投资端。一些垂直众筹平台已经开始类似的尝试，但是工作尚不系统。角色转变和职能扩展，使得众筹平台与初创企业建立更加紧密的联系，形成全链条的一揽子解决方案，有助于形成众筹平台的核心竞争力，避免以单纯吸引筹资项目为目的的粗放式业务发展，实现初创团队、平台、支持者的三方共赢。

股权众筹的流程管理思路与商品众筹类似，不过由于股权众筹企业让渡的股份有限，本身是独立实体，众筹平台难以全面介入其流程管理，思路上可以侧重于企业的财务管理、财务信息披露和相关资产处置。只要确保企业核心的财务制度、资金运用健康有序，投资者的风险便可大大降低。

众筹平台对企业流程管理的深度介入，涉及商业道德问题，需要相应的法律法规和监管规范。在商业伦理方面，由于创业者采用众筹这种完全公开化的方式进行募资，募资对象又是风险承受能力有限的普通民众，导致它成为特殊的社会化组织，应以特殊社会化组织的新标准进行要求，因融资便利让渡更多的私有权利，强化社会化监督机制。

这种做法同样有利于解决小型企业和众筹平台的监管成本问题，以更低成本实现有效监管，同步提升效率与安全，达成二者之间的更好平衡。在鼓励创新的同时避免投资者风险，保护普通投资者的权益。

第四章 互联网金融商业银行模式创新

第一节 互联网金融的创新概述

一、互联网金融的主要创新

（一）支付方式创新

互联网金融支付方式的创新首推第三方支付。第三方支付在支付行业中的作用越来越显著，部分第三方支付机构所拥有的账户体系甚至已超越了传统银行。第三方支付的发展与我国电子商务的繁荣紧密相连，分析第三方支付的创新，应当从电子商务展开。

在第三方支付出现以前，我国电子商务发展存在两大困难：一是由于我国信用体系的不完善，社会诚信体系缺失，导致支付风险高，因此在线交易的成功率很低；二是国内现金使用率高，而在线支付手段不够便捷，导致在线贸易便利化程度低，降低了在线交易的成功率。第三方支付在三方面进行了创新，扫清了电子商务曾经遇到的障碍。

其一，第三方支付信用服务创新提高了电子商务交易的成功率。当前，我国市场参与者之间仍缺乏信任，而电子商务的虚拟性，使其比传统线下贸易更容易产生不诚信问题。一方面，缺乏信用可能使交易信息流不畅，双方由于缺乏信任、担心交易失败，倾向于"不交易"；另一方面，由于支付中缺乏授信，使得资金流不畅，当双方中的一方受到资金约束，又无信用融资支撑时，会导致"没钱交易"。第三方支付机构则充分发挥了双边市场特性，在三方面展开信用服务创新。一是信用评价机制创新。第三方支付机构依托网络平台，对参与交易的双方进行信用评级，形成了信用评价产生于交易、评价方法源自交易、评价结果用于交易的新机制。这实质是一种引入新方法后形成的金融创新。二是信用担保机制创新。当支付宝信用担保创新模式出现以后，因为创造性地在交易中引入第三方，从而成功解决了交易双方因缺少互信带来的交易失败问题。这实质是改进业务流程后形成的金融创新。三是信用融资机制创新。支付宝的卖家信贷、花呗、汇付天下的信用支付等，解决了贸易中因一方受到资金约束"没钱交易"，而导致交易失败的问题。这实质是一种开发新产品的金融创新。

其二，支付模式创新提高了电子商务交易的便利性。体现在两方面：一是支付转接网关集成促进了支付服务便利化。在 B2B、B2C、C2C 等电子商务贸易中，需要有能瞬间连通各种银行卡的统一在线支付网关。第三方支付为各银行机构提供了统一的在线支付网关接口标准，通过第三方支付机构能方便快捷地实现不同银行之间的支付系统"大通关"。这实质是引入新技术，同时改变了业务流程的金融创新。二是支付业务方式集成提高了支付服务便利化。第三方支付在支付业务方式上提供了多样性服务，如银行转账、银行卡支付、预付卡、互联网支付以及移动支付等，同时在支付流程与交易流程周期配置上，第三方支付支持现金支付、预支付、赊账等多种形式。这实质上是结合了新业务流程和新产品的金融创新。

其三，降低客户支付结算的时间成本和经济成本。这在跨境电子商务上表现得尤为明显。一方面，第三方支付机构缩短了跨境支付结算时间。而支付宝通过与国外网站合作，提供了人民币跨境即时付款服务，支付按照当天汇率自动转换成人民币结算。同时还减少了跨境支付风险；另一方面，第三方支付降低了跨境支付服务手续费。采用信用卡进行跨境支付，发卡企业对商家会收取开户费、年服务费、手续费。国内信用卡发卡企业的开户费一般为 100 ~ 4000 元，年服务费一般在 5000 ~ 10000 元间，每笔手续费3% ~ 5%。相比之下，国内第三方支付机构大多免注册账户费，免年服务费，每笔手续费在 0.5% ~ 1% 之间。

除了线上电子商务以外，第三方支付利用智能移动端的快速普及，积极开展业务创新，试图从线上向线下发展，如 NFC 近场支付，基于二维码的扫码支付，等等。此外，指纹支付、虹膜支付、声波支付等新型支付方式的出现，正不断提升交易的安全性和可靠性。因此，从交易成本创新理论来看，支付方式创新一开始是为降低电子商务产业交易成本而产生的一种金融创新，同时，从技术推进理论来看，其也是通信技术、生物识别技术等新技术在金融领域广泛应用而产生的创新。

（二）资源配置方式创新

金融的一个重要功能是对资金的供需进行配置，在传统金融业中主要表现为银行吸收存款和发放贷款。但是传统银行由于信息不对称问题及交易成本问题，长期以来始终未能有效解决中小企业融资难问题。

在资源配置上，众筹的资金供需信息直接在网络上发布并匹配，供需双方可以通过网络直接联系和交易。借助于现代信息技术，供需双方突破了传统金融所考虑的安全边界和商业可行性边界，使得直接金融这一人类最早采用的金融模式重新焕发活力。从主体上看，众筹是新的金融组织形式，但从其业务特征上看，它是利用互联网开辟新市场的金融创新。这类新型互联网金融中介，可以加快信息的传播速度，降低信息的采集、处理成本，它们在信息相对对称、交易成本极低的条件下，形成了"充分交易可能性集合"。这种资源配置方式，支持多方交易的同时进行，定价符合完全竞争的市场机制，并且交易过程中的信息相对透明，是一种公平、有效率，能够最大化社会福利的模式。因此，它也是一种在降低交易成本要求和技术进步推动下形成的金融创新。当然，金融创新也是一把双刃剑，并且在这类业态下特别明显。它在丰富金融市场产品、带来经济发展动力的同时，也带来新的风险，使得金融监管难度加大。

（三）销售渠道创新

互联网金融通过搭建各类虚拟平台进入金融产品销售领域，并显示出强大的渠道能力。当前互联网金融的渠道创新有多种方式，包括建立金融产品的比价、销售门户网站，基于电商平台的销售，类似"余额宝"的嵌入式销售等。互联网金融的渠道创新有以下特点：一是利用移动互联网获取高速、便捷、低成本的客户入口。各类智能手机、Pad 等移动智能终端不断更新换代，功能快速丰富、成本持续降低，使得客户能够不限时间、不限地点，利用碎片化时间接触金融产品。二是利用电商平台、社交网络推动客户覆盖率提高。一方面，随着人们的日常生活需求与网络的连接越来越紧密，电商平台的良好体验使得互联网消费显著增加，进而激发零散、小额的金融服务需求，电商平台和金融产品销售紧密结合，可以使有金融需求的客户在平台上得到一站式服务。另一方面，社交网络的发展使网络信息能够更快、更广地传播，基于社交网络的产品销售，可以促使企业在产品开发或服务时更注重客户体验，在与客户交互中形成客户需求和体验的良性互动，在短时间内快速提高知名度和销售额。三是利用大数据、云计算引擎分析进行精准营销。从银行机构看，商业银行也讲"客户需求导向"，但一方面了解客户需求的渠道较窄，设计的产品未必是用户需要的；另一方面，通过人工手段了解、设计并提供个性化金融服务成本过高，不经济。互联网金融根据畅销产品特征，再结合对客户职业、学历、年龄、资产等信息，通过模型和算法，快速准确地识别客户所偏好产品，并指导产品定价和销量预估。因此，渠道创新既是利用互联网技术拓展新市场的金融创新，也是在客户组织管理模式上进行拓展的金融创新。金融创新产品从设计开始到推广、改进、售后等一系列过程都离不开渠道，渠道在创新产品推向市场、被认知、被接受和被反馈中都发挥了重要作用。

（四）风控方式创新

互联网金融通过风控方式创新，为金融的"风险控制"提供了新的思路和方式。它是一种通过更新风险管理模式所产生的金融创新。互联网金融通常采用大数据风控或大数据评级。商业银行一般依赖个人或企业的信贷数据和资产证明等信息进行放贷，当这些信息缺失时，商业银行的风险控制便找不到抓手。互联网金融的大数据风控，除了采集传统信息之外，还收集、分析个人或企业的水电煤气缴费信息、留在网上的各种行为数据、位置信息数据等，通过运算判断授信人是否存在信用"包装"，从而核定信用等级。

具体来说，互联网金融的风控创新和传统金融的风控有以下不同：一是数据来源不同。商业银行的风控主要是获取线下数据，尤其是借贷领域的履约数据，而互联网金融风控除此类数据之外，其优势在于获取网上交易数据、社交数据等，并利用这些互联网的数据轨迹判断借款者的性格、心理特征及履约可能性。二是风险评价方式不同，商业银行风控是以过去的信用信息判断当前的信用等级，可能造成风险的误识别。互联网金融风控更能利用当前的数据判断当前的信用等级。三是应用领域的范围不同。商业银行风控方法适用于借贷领域，而互联网金融的风控可以运用在借贷及以外更广阔的场景，如租车、租房、预订酒店的押金支付及与授权等。四是贷后管理的效率不同。商业银行风控方式主要依赖客户经理进行风险控制，实时性较差，往往逾期之后才能察觉。互联网金融风控利用互联网技术的高效率，利用可抓取的互联网信息实时进行风险控制，对可能的损失进行预判和及时响应。

（五）金融机构创新

互联网技术的发展，正在改变金融机构的组织形态。金融机构的组织形态在向扁平化、联网化、社群化方向发展，并产生了一些新的金融组织形态，如纯网络银行、直销银行、纯网络保险公司等。从这一层面上，这是产生新的组织机构的创新。

相比于传统金融机构，这些创新型金融机构组织形态有三大特点：一是实体变虚拟。相比于传统金融机构依赖于物理网点，这些新型机构只有较少或几乎没有物理网点，基本上所有服务通过网络提供。二是后台变前台。当前台从物理网点变为互联网上虚拟网点之后，原来金融机构的后台存储与数据处理功能变成了核心业务功能，互联网金融开展的一系列基于数据的增值服务，逐步演变为该机构的金融前台业务部门。三是数据变资产。在这些机构内部，互联网技术连通了其各个部门，连接了各个市场，数据可以充分自由流动。机构的组成要素发生了重要变化，实物资产的价值开始被虚拟资产所超越，数据变成了最重要的资产之一。为了和这些特点相适应，相应的金融组织制度和金融监管制度也有所改变，从而进一步促进了新的金融机构的发展，因此，这种创新也是夹杂着金融制度革新的金融创新。

（六）权力契约创新

互联网金融权力契约的创新是其创新的高级形态，是互联网金融创新中最有可能颠覆现有制度和规则的一种创新，其典型代表就是数字货币。此类创新随着互联网、大数据、云计算等技术不断成熟，利用互联网思维重构甚至创造全新的金融标准和金融信用。以数字货币为例，其不依赖传统的货币发行机构发行，而采用特定算法，并利用整个Peer-to-Peer网络中的众多分布式节点记账，进行交易方式的记录以及交易行为的记录。在这种分布式的虚拟货币下，支付系统的网络将是完全去中心化的，这对当前的金融形态是一种颠覆。这是一种开发新产品的金融创新，也是一种彻底挑战现行金融制度和业务流程的金融创新。它既是一种技术推动的金融创新，也是一种为规避制度产生的金融创新，它要规避的是中央银行对货币的独家发行权制度。

二、互联网金融创新的运行机制分析

互联网金融创新最早起源于金融机构将自身业务互联网化的需求，即金融机构利用网络技术优化自身的业务和服务。随着社会经济水平的提高以及网络经济的发展，金融服务已经从传统金融机构的专利变为了社会经济的基本服务需求。互联网企业基于自身业务需要、技术优势以及外部金融需求的发展，也进行了一系列金融创新，并取得了令人瞩目的成绩。

在互联网金融创新业务开展的过程中，互联网金融依托大数据、云计算、搜索引擎和智能化技术，对数据、信息、声誉等进行计算，从而评定不同个体的声誉及信誉状况，在降低交易成本和缓解信息不对称程度的同时，有效抑制并减少了逆向选择和道德风险，挑战了现有金融体系的理念、标准、模式及组织结构。因此，如果从产业层面剖析互联网金融创新的运行机制，可以简单概括为：互联网金融创新的运行机制，是在交易成本、金融中介、金融深化等理论基础上，以信用为前提、以信息为核心、以技术为基础、以法治为保障的互联网行业和金融行业的产业融合。其包括以下要素：一是互联网技术大大降低了交易成本，给金融创新带来了强大的推动力；二是在技术进步、政策开放、社会发展的前提下，互联网产业和金融产业出现了产业融合，互联网企业依托其技术条件和互联网平台，在新的产业环境下充当了金融中介的角色；三是互联网金融在对传统金融造成冲击的同时，促进了金融的深化。互联网金融创新的运行对金融深化的作用首先体现在利率上。互联网金融影响了市场利率，推动了利率市场化改革进程。互联网金融创新的展开对金融深化的作用其次体现在机构层面。新型互联网金融机构的出现，形成了新的支付渠道、融资渠道，有助于促进我国形成多层次的金融机构体系。互联网金融创新的推进对金融深化的作用最后也体现在金融的覆盖面上。互联网金融的服务目标多是传统银行金融机构忽略的长尾市场，这有助于缓解中小企业的融资难。因此，互联网金融作为市场中的一股新力量促进了我国金融市场的深化进程。

具体来看，互联网金融创新的推进逻辑以技术为基础。产业融合理论要求相融合的两个产业具备共同的技术基础，而金融业恰恰是互联网技术渗透最深入的行业之一，其核心是知识和信息。产业融合理论认为技术创新是产业融合的重要驱动力，并可以进一步分成革命性技术创新及扩散性技术创新两种，互联网技术无疑是一种革命性技术创新，降低了金融业的成本，提升了金融业的效率。例如，客户需求的精准分析及客户风险的控制可以通过海量数据存储及挖掘技术实现；运算的集中处理和计算力的弹性扩展可以基于云计算技术；多方资金的融通可以依托动态交互式技术即时完成；海量信息的过滤和查找可以基于搜索引擎技术；交易的隐私、安全保障可以依托新一代的安全技术。

互联网金融创新的推进逻辑以信息为核心。提供有效金融服务的一个最大障碍是信息不对称，而提供信息支撑恰恰是互联网的一个重要功能。随着互联网的快速发展，信息接入十分便捷，客户的服务渠道由实体向虚拟转变；搜索引擎的优化和大数据处理能力的提升增强了信息的处理能力，大幅降低了信息不对称程度。同时，海量数据的挖掘技术使得客户网络行为分析成本、消费行为分析成本以及网络消费心理分析成本大大降低，防范了违约风险、提高了资源配置效率。

信用是互联网金融创新推进的前提。互联网金融创新构建了大量金融中介平台，利用金融中介平台掌控的资源又进一步控制了信用信息。与传统金融机构相比，互联网企业对金融业务是外行，但是除了强大的技术背景外，其作为平台中介掌握的大量信用相关信息，使其成为互联网金融创新的领导者。通常认为，金融中介与金融创新密切相关。金融中介是金融创新的实施者，金融中介的规模将直接影响金融创新的力度。互联网金融通过构建虚拟平台，并采取"平台搭平台"的方式，在弱化了传统金融中介的同时，自身创建了可以满足更广泛金融需求的信用基础设施。例如，在传统授信模式下小微企业、个体工商户则由于缺乏抵押物、担保物以及信用评估，难以获得融资支持。而互联网金融通过网上的交易数据和行为数据的挖掘，掌握此类小微企业及个体工商户的"虚拟"业务和资金流轨迹，从而创造了小微企业的融资条件。

互联网金融创新的推进逻辑以法治为保障。目前来看，即使未来对参与互联网金融创新的非金融机构进行严格监管，互联网金融作为一种重要的创新也不会被扼杀，相反，监管的介入带来的良好的环境，会使得互联网产业和金融产业进一步健康融合发展。互联网金融创新的运行，需要信用体系建设、个人隐私信息保护建设、电子签名立法等的协同。同时，互联网金融创新所涉及的身份识别技术、身份认证技术等与公民权益息息相关，甚至牵涉到了国家的金融安全，这些都需要有健全的法制作为支撑。最后，互联网金融的创新也展现了跨越行业、金融行业、跨越时空等特点，对金融甚至多行业的统一监管协调提出了更高的要求。

以上是从互联网金融整个行业的创新来看，如果从单个业态的创新看，既有相同点，也存在少许差异。例如，第三方支付平台利用其网络效应提供金融授信服务的金融创新，具体包含了三大机制：首先，第三方支付依靠其本身及依托的互联网平台（电子商务平台或社交平台等），利用正反馈效应，从平台的整个产业链上获得黏性极大的用户群体，为其获得了市场利益，也为其切入平台的全产业链奠定了基础。其次，第三方支付利用其资金流信息，以及所依托互联网平台的贸易流、物流等信息，准确定位供应商及用户的资金供给与需求，聚集大量小微信贷业务需求而获得足够的规模，并进一步强化自身的网络效应。最后，第三方支付及互联网平台可以运用大数据优势以及对资金流和物流等信息的有效把控，对授信对象的消费和经营行为实施实时的有效监控，从而大大降低了风险，有效提高了授信业务的效率。

三、互联网金融的技术推动——"大智移云"

就存在形式而言，互联网金融创新有着太多的模式。但是就其内在的聚类本质特征而言，互联网金融主要依托信息技术中的"大智移云"，即大数据技术、移动互联网技术、云计算技术、智能化技术这四种技术，并且这些技术内部也不是相互独立的，存在着较大的融合性。

大数据技术是互联网金融的重要基础设施之一，通常指在海量结构化、非结构化数据的基础上所形成的一种新型数据存储及处理模式。大数据所具有的数据规模无法通过当前主流软件工具在合理时间内完成挖掘、处理，并形成有价值的信息，但是大数据技术可以对这些数据进行有效的挖掘、管理和处理，从而获得具有决策力、多样化、高增长的信息资产。大数据技术推动了海量异构数据在存储、处理和分析上的进步，软件自动化处理的信息不再局限于结构化信息，而是可以扩展到语音、文字、视频等非结构化数据。同时，在大数据技术的支撑下，知识密度低的巨量数据不再被视为是数据垃圾和信息过剩，反而数据容量越大、种类越多、维度越多，意味着可以挖掘出的知识越多、准确率越高，能够发挥出的潜在价值也越大。大数据在金融中的应用，其特征是将金融活动转化为数据处理活动，并使得对时间序列的动态风险评价成为可能。大数据使得数据成为互联网金融的核心资产，以大数据为核心的金融风控提供了全新的风险定价模式，大大降低了人为因素的干扰，极大提高了风险的评估、分析和预警能力，提升了金融的资源配置效率。

移动互联网技术包含两层含义：其一，移动互联网是互联网与移动通信网络的融合，用户可以通过移动终端以多种形式（如 5G 网络 WLAN 等）访问互联网；其二，移动的便捷性导致了大量新型应用的出现，实现了与传统互联网服务的融合，产生了多种新型业务模式。在移动互联网技术之下，智能手机、个人电脑、Pad、传感器等设备，不仅提供服务的窗口，也是收集数据的来源。应该说，移动互联网技术大大丰富了互联网海量数据的来源。在移动互联网时代，移动金融逐渐成为金融服务的重要载体，主要解决了通道、营销、支付等问题。互联网金融企业纷纷加快在移动端的金融服务布局，如传统银行推出了手机银行、微信银行等移动金融模式，新型互联网金融也着力推广手机钱包（如支付宝钱包、京东钱包、百度钱包等）、微信支付等一系列移动金融模式。支付方式是金融的基础设施，它的创新将会影响金融活动的形态。未来，随着移动技术中远程支付、声波支付、光波支付、NFC 近场支付、移动社交网络、位置服务等多种创新技术的发展，移动金融将凭借其即时性、便捷性、交互性、可搜索性等特征，有效整合线上线下资源，为客户提供全方位的综合金融服务。

云计算技术和大数据技术一样，也是互联网金融重要的基础设施之一。云计算技术突破了摩尔定律的约束，是一种基于虚拟化技术、分布式计算技术、并行计算技术等互联网技术提供的可以弹性伸缩、按需使用、按使用付费的计算模式。云计算技术可以根据需要，增加计算平台内的并行设备，从而提升整体的运算能力；云计算技术也可以根据客户对运算能力的需要，如同出售电力一样出售运算力。云计算技术提升了计算能力和弹性，为中小金融机构降低了软硬件成本和管理成本。同时，云计算技术提升了计算的可靠性，并给了中国的金融信息技术国产化一次契机，增加了金融基础设施的自主可控性。如果没有云计算提供运算力的支持，大数据的挖掘和分析则也无法进行。因此，大数据和云计算通常被作为一个整体提出。

智能化技术通常也被运用在广义的大数据技术之中，通常是指由现代通信信息技术、计算机网络技术、智能控制技术等汇集而成的针对某一个方面的应用，如视频识别、海量数据计算等。在互联网金融中，智能化技术又通常指利用数据挖掘、机器学习等技术，准确地识别客户需求，智能化地满足客户个性化金融服务需求，有效识别金融风险的一种技术。随着互联网上的数据越来越"大"，服务体系的计算能力不断提升，机器学习等人工智能算法越来越先进，基于云计算和大数据构建的系统将具备一定的智能。未来，金融业将更多的是由金融智能处理替代人工管理，自动化、智能化将是金融新常态。

第二节　互联网金融对商业银行创新的影响

一、互联网金融对商业银行创新的影响原因

（一）互联网金融模式下商业银行创新能力形成的宏观原因

1. 金融改革目标推动商业银行创新

互联网金融的异军突起充分体现了市场在资源配置中起了决定性作用，它填补了商业银行难以顾及的小微金融，充实了金融市场的结构层次和产品，提高了资源配置效率。美国经济学家凯恩（E.J.Kane）提出了金融创新的规避管制理论，认为金融机构通过创新来规避政府的控制与管理，管制和创新是一个相互推动和动态博弈的过程。西尔柏（W.L.Silber）的约束诱导理论认为，金融创新的主要根源是金融机构为了逃避或挣脱其内外部的各种约束。中国经济学者王仁祥提出了"政府推进"型金融创新，认为政府对新的金融业务、金融机构和金融市场的创新应以适应经济改革的要求。互联网金融的产生和发展打破了传统金融格局，有助于推动金融体制改革，促进构建高效竞争、鼓励创新的市场。在这样的宏观经济环境下，促进市场发展和鼓励创新必然是金融改革的目标。商业银行有了在统一金融监管原则和框架下实施公平有序竞争的环境，商业银行创新有了更广的发展空间。

从监管改革方向看，要用互联网精神（开放、平等、协作、分享）、互联网技术（大数据、云计算）来改造、提升传统金融。在过去十几年的信息化建设中，商业银行已经积累网络金融业务的初步经验，构建了一套完善的风险管理体系，拥有了一批既熟悉金融，也懂互联网技术应用的人才，存储了大量体系内的"大数据"（如银行卡支付、客户存贷款等大数据），同时，商业银行还拥有资金、客户优势等。总之，金融改革目标、政府的支持及商业银行自身的资源基础为商业银行创新创造了良好的社会制度、环境和条件。

2. 经济的增长促成商业银行创新

中国经济的高速增长是商业银行创新能力形成的基本决定因素，经济的发展程度对商业银行的业务规模、组织规模、经营管理方式以及运作流程起了决定作用，同时持续增长的中国经济又需要商业银行创新来助推其更快速地发展。经济增长导致了财富增长，财富增长导致的新金融需求是金融创新的根本原因。货币促成理论认为货币因素是引发金融创新的重要原因。金融创新是源于抵制通货膨胀和利率波动。

社会经济的发展促进了经济结构的变化，经济结构的变化直接影响了商业银行的创新模式及创新方向。经济结构包括居民的收入分配格局、资源生产与配置的模式、经济主体的地位和作用等，反映了经济主体投资与储蓄功能的分离程度，以及经济主体金融活动的社会化程度。对我国商业银行来说，经济结构的一个重要特征是高储蓄率。高储蓄率是商业银行利润的主要来源，是其开展资产业务、中间业务创新的基础。总量大、稳定性强、成本低的储蓄存款，促进了银行的业务及组织机构规模的飞速发展，为商业银行的创新提供了基本条件。

互联网金融模式下，互联网金融利用更高回报、更低门槛、更便捷服务的互联网理财产品对商业银行高储蓄率形成了巨大的冲击，并在一定程度上突破了利率管制。这就要求商业银行必须加强金融产品创新与金融服务创新来适应社会经济结构的变化，通过系统性的创新满足经济社会发展的需要。金融创新本身就是一个不断进行自我创新适应经济社会发展的过程，创新的滞后会影响金融服务经济的能力。同时，尽管储蓄率仍居高不下，但是中国经济的增长带动了消费的增长，消费已经成了一股不可忽视的力量。在快速的增长模式下，中产阶级的消费正在从普通的生活必需品逐步升级到更为高端的品类，例如汽车、海外奢侈品、海外旅游等，而敏感的互联网金融企业已经提供了相关的金融服务，比如网络汽车贷款、海淘支付、海淘消费贷款等，此类金融服务未来也将成为商业银行创新的重要领域。

3. 技术推进促进商业银行创新

借贷双方信息的对称性能够因为互联网技术的广泛运用而显著提高。在互联网金融时代，便捷的网络连接、强大易用的智能设备，以及云计算、大数据等相关科技创新，为商业银行创新提供了强大的技术支撑。

商业银行可以在互联网金融"云"服务的基础上进行创新，建立起自己的基础设施云，通过这种可以按需扩展的虚拟化的资源整合方式，将自身的服务器、存储以及局部的网络孤岛进行整合，形成一个未来可以在这之上构筑各种云服务的基础性平台。这个平台可以实现一个简约、高效、易扩展的 IT 基础架构。基于这个云平台，商业银行可以加强自身的内部管理，为创新提供更好的内在环境。如可以将当前单纯的"办公节点自动化"的方式进行转型升级，利用"云"灵活整合内部的办公信息与资源，形成一个以用户为核心、以应用为载体、以消息为主线的"云办公"信息网络。同时在内部管理和业务监测上，可以将管理信息、地理信息以及监控信息等有机结合，从全局的高度对机构及运营、安保等各方面进行实时监测。

商业银行可以在风险管理方面，改变以往按照单客户、单账户、单品种、单业务的风险管理模式，建立基于"云"的业务相关联、上下游联动、账户交易往来分析的网络化风险管理模式。这都将提升商业银行的创新能力。如利用它进行资源的多方协同配合，打破传统物理网点设置、人力资源配置、业务资格限制等因素造成的业务发展瓶颈，将业务延伸至当前尚未服务的人群。同时，可以在数据采集方面向互联网金融学习，建立数据云。除了抓取当前金额变动情况、存款情况、贷款情况、违约情况等内部结构化数据，更应加大对可以反映用户行为习惯、性格特征等的评论、文本、图像等的非结构化数据的抓取和分析。商业银行可以利用云在客户关系管理和精准营销方面进行创新管理，通过数据挖掘更全面准确地分析判断客户的当前需求，以及预判客户的潜在需求，及时锁定潜在客户。商业银行可以在风险管理方面，改变以往按照单客户、单账户、单品种、单业务条线的风险管理模式，建立基于"云"的业务相关联、上下游联动、账户交易往来分析的网络化风险管理模式。这都将提升商业银行的创新能力。

（二）互联网金融模式下商业银行创新能力形成的微观原因

1. 新的金融需求倒逼商业银行创新

随着互联网金融的发展，互联网对人们的行为模式产生了深刻的影响。特别是智能手机、平板电脑等便携式设备的普及，以及移动互联网的发展，人们可以充分地利用碎片化时间办理业务和消费，使得停留在网上的时间更长，对网络的依赖性更强，越来越多的人甚至开始在家里远程办公、网络购物、网络订餐等，产生了一种依赖虚拟空间的"宅经济"。这种"宅经济"对商业银行的创新产生了新的要求。由于人们已经习惯了在网上满足自身的日常需求，因此，对金融服务也产生了类似的要求，希望可以"宅"金融。互联网改变了整个社会的物质技术结构，从而使得基于互联网的新型金融服务成为一种自然的需求。对此，商业银行应加快金融服务往线上迁移的步伐，加速推动各类产品与服务在网上银行、手机银行、微信银行及自助终端的上线进程，快速实现网络渠道的全覆盖。同时针对客户的网上需求碎片化及消费日益理性化，商业银行应更关注客户对产品及服务的体验，创新应以便捷操作、实现个性化、多元化需求为目标。针对人们对资金的投融资需求越来越多地通过互联网平台完成搜索、匹配、定价和交易，"宅经济"越来越弱化商业银行金融中介的地位，越来越割裂对商业银行的依赖与联系。对此，商业银行应积极加快网上投融资平台和产品交易平台建设，充分借力自身风控优势，加快客户信息收集、信用等级测度成本、贷后风险管理等方面的创新，实现各种投融资、各类产品的转让与转换的快速交易。

在城镇化加速的过程中，现有的三、四线城市及农村将成为互联网金融创新的又一重点。互联网金融企业已经在农村开展了一系列布局，这将是互联网企业和商业银行创新比拼的一大战场。互联网金融激发了大量低净值长尾客户通过互联网形成海量聚合，推动客户层级下沉。同时在互联网金融环境下成长的新生一代，对商业银行创新能力的提高提出了新的挑战。该群体对新事物接受能力强，已经适应了互联网金融带来的便捷，商业银行需要采取新的策略来吸引和保留他们。

2. 交易成本影响加快商业银行创新

互联网金融模式下，交易突破时空局限，同时，交易双方充分沟通、完全市场化定价，在很大程度上降低了信息交易成本，从而降低了金融服务成本。而传统的金融业务往往会随着经济发展而出现收益边际效率递减的压力，在此压力下，商业银行将加大组织架构、内部管理等的创新，精简物理网点，优化人员配置，实现银行业务的网络化，从而打破地域、时间限制，节约经营成本。

二、互联网金融对商业银行创新的影响基本途径

（一）金融理念的影响途径

互联网金融的价值主张是方便、快捷；价值实现是通过互联网或移动通信技术；价值创造是通过单笔收益低但具海量流量的交易。互联网金融通过价值主张、价值实现以及价值创造等金融理念的影响倒逼商业银行做出创新。为此，商业银行从战略层面到组织运营都将发生根本性的改变。

首先，商业银行要从价值主张上做出创新。切实从客户体验出发，树立以客户为中心的价值主张。在产品开发上，利用技术手段，挖掘和研析在互联网金融模式下客户的交易习惯、投资习惯、消费习惯的变化，整合客户在支付、融资、理财等多样化需求，开发出满足客户个性化、多元化需求的金融产品。在产品交易上，在保障交易安全的前提下，进一步提高交易便利性，尽量减少不必要的环节，优化流程以提高效率。在产品营销上，强化从物理渠道向电子渠道迁移和拓展，充分运用网络银行、手机银行、电话银行、微信银行等电子化手段，实现与客户的交互式互动，加强收集客户对产品、对渠道、对流程的

体验反馈与建议，并根据客户的体验需求进行完善。

其次，商业银行要从价值实现上做出创新。积极利用大数据技术手段，强化大数据在产品设计、客户服务、风险管理、资源配置上的挖掘分析与运用。互联网金融使得商业银行内部以及金融行业与其他行业之间的界限日益模糊，金融体系的参与主体将更加多元化，商业银行的生产边界进一步扩大。为此，商业银行应综合考虑互联网金融背景下经济形势变化、客户需求变化、信息科技变化对价值实现的影响。加快贯通融合线上与线下的服务与应用，打破行业藩篱，有效拓展与金融行业及其他行业联动的广度与深度，构建一体化、综合化、集成化平台。

最后，商业银行要从价值创造上做出创新。"技术性"脱媒带给商业银行价值创造的创新是最直接的。虽然信息基础设施的固定成本投入较高，但是由于计算机可以处理的业务量是极大的，因此，投入的固定成本被平均分摊后，每一笔业务上所花的费用和之前的人工操作成本相比大大减少。这有利于银行发挥其创新的规模优势，提高创新的规模报酬。而在利用信息技术降低经营成本之后，又会促使商业银行推出基于信息技术、极具利润潜力的新的金融商品，从而为银行开辟出新的市场，创造出新的业务来源和市场机会。当前，互联网技术与商业银行的业务关系已经越来越从松散的连接转变为融合式发展，两者的关系已经不仅仅是商业银行利用科技手段辅助自身的业务和管理，而是将互联网技术融入商业银行的整个业务创新和流程再造过程中。可以预见，高新技术已经成为商业银行价值创造所依托的重要平台，可以推进商业银行价值创造的广度和深度。

（二）金融功能的影响途径

可以将金融功能分为清算和支付结算、聚集和分配资源、转移资源、管理风险、提供信息、解决激励问题六种功能。在互联网金融迅速发展的形势下，互联网金融中介逐渐成为资金融通及金融服务过程的重要载体，互联网金融通过改变金融功能的途径影响着商业银行创新，迫使商业银行重新审视和重视被日益削弱的各种金融功能再创新能力，重塑其服务体系和经营模式。

一是互联网企业以其海量客户入口、高效资金处理、强大信息整合能力，为客户提供了多元化的金融渠道选择，客户可以不直接与商业银行发生接触，而通过第三方支付、微信以及扫码支付等移动支付方式进行金融交易，削弱了商业银行作为主要清算和支付结算渠道的地位；二是资金供求越来越多地以网络方式实现，供求双方通过互联网金融平台进行机会发现和价格匹配，资金绕开商业银行，在商业银行体外流动，削弱了商业银行作为主要资源配置的地位；三是以网络交易和信用记录作为风险管理的主要指标，互联网金融充分利用大数据整合了信息流、物流以及资金流等各风险控制关键节点的信息，创新了风险管理模式，削弱了商业银行作为主要风险管理的地位；四是互联网平台企业通过互联网技术对密度极低的海量数据进行挖掘与分析，获取了大量客户账户信息、金融交易信息，甚至行为和产品偏好信息，有效降低了信息不对称问题，削弱了商业银行作为主要提供信息者的地位。

互联网金融改变了商业银行的功能地位及功能结构。商业银行要重新抢夺其在清算和支付结算渠道方面的领先地位，应大力发展网上银行、微信银行等移动金融，提升其在电子化、网络化的渠道竞争能力。并强化多渠道融合能力，建立多边合作，支持内外部的协同机制。实力雄厚的商业银行甚至可以自建互联网金融平台。得渠道者得客户，得客户者得天下。在强化资源配置地位方面，商业银行应创新其资源配置目标及模式，改变原来单一的储蓄向投资转化的"桥梁"功能，整合扩展各渠道资源，通过建立直销银行及平台，发展网络理财及网络借贷等完善投融资服务，使资金交易、调剂及价格匹配都能够以市场化原则在网上进行快速运作，从而降低投融资信息的获取成本，简化投融资交易的操作流程，实现资源快速配置。在巩固风险管理地位方面，商业银行一方面要进一步夯实其在风险管理方面的优势，另一方面要积极学习互联网金融大数据风控理念，利用数据挖掘与分析实现风险精准化管理，建立起包括贷款申请、调查、审批、放款、贷后等全流程的风险精细化管控，利用多节点的数据研析，提高风险管理的针对性和有效性。在加强信息提供地位方面，商业银行要调整原通过物理网点、柜面人员、客户经理及自助交易设备等获取信息，维护客户管理的方式。要积极利用互联网技术，通过对客户账户资金走向、交易行为、产品和风险偏好等各类信息进行深度挖掘与整合，获取客户的综合信息。对获取的信息进行研析后做出迅速和恰当的决策，这使得商业银行能够并且避免重复劳动和重复错误，实现对客户进行科学及个性化的管理，以便不断优化客户的价值，将银行内部的其他资源要素和客户信息连接在一起，建立最优的客户组合，使得内部的各项资源发挥最大效率，从而创建或提高商业银行服务客户的能力，优化业务的价值链。

（三）金融盈利的影响途径

在互联网金融模式下，商业银行盈利的途径随着互联网金融的发展而日益丰富。互联网技术的加入使得金融业的规模效益被进一步地放大，随着用户数目达到一定量级，基于互联网平台的金融交易的边际成本也随之快速下滑。商业银行相比于普通实体企业更容易形成规模经济。这是因为商业银行的经营对象是货币，货币的服务具有同质性，可以复制利用，因此，可以在规模增加时有效降低单位产品或服务的成本。同时，商业银行具有广泛分布的物理网点，以及与网络技术紧密结合后又进一步扩大了自身的渠道力量、从整体上增加了清算速度，因此，可以通过规模经济提高商业银行的盈利能力水平。

商业银行随着经营范围扩大、产品及服务种类的增多，出现平均成本降低、经济效益增高等现象，从而产生了范围经济。范围经济的大小，决定了商业银行实现多元化经营时能够节约成本以及提高收益的空间和机会。近年来，商业银行大力发展中间业务，推出众多的新型产品，使得范围经济的边界不断扩大，当然，随着银行业务范围的越来越广泛，很难再对银行的每一项业务进行单独的成本分析。一般来说，商业银行为了追求范围经济，通常为选择能够产生更多综合经济效益的产品和服务，即便是非传统的创新型业务。商业银行由关注单笔收益向注重流量收入转变。这种驱动力可以有效降低银行的交易费用及边际成本，从而间接改善了银行的盈利能力水平。

（四）金融风险的影响途径

互联网金融模式下，商业银行走向了开放式创新。首先是通过金融理念、金融业务、金融盈利等途径进行的各类创新过程中，商业银行本身会承担一定的创新风险。其次是来自监管部门的风险影响，监管体系和内容必将会因为互联网金融的发展而产生变化，监管政策将日益统一和完备，各类创新在规范化的同时也将会受到更多约束，身处其中的商业银行必不能置身事外，在不断调整的监督管理政策下创新也会面临一定的风险。最后是来自互联网金融风险特征的影响，互联网金融风险更具有叠加性强、扩散性大及波及面广等特征。对此，商业银行创新过程中应掌握互联网金融风险特质，有针对性地加强风险控制，以便应对互联网金融风险对自身业务的冲击。

了解并掌握互联网金融模式下各类金融风险对商业银行创新的影响途径，商业银行更应清醒地认识到唯有不断创新才能更好地规避风险，若因风险的客观存在而拒绝创新，只会带来更大的风险。互联网金融的大数据模式促使商业银行开始对沉积的数据进行有效利用。推动商业银行加强数据分析，通过海量数据的核查和评定，增加风险的可控性和管理力度，精准把握风险发生的规律性，及时发现并解决可能出现的风险点。商业银行创新过程中只有直面挑战风险，最终才能战胜风险。

第三节　互联网金融模式下的商业银行创新策略与路径

一、互联网金融模式下商业银行创新策略

（一）商业银行的制度创新策略

我国的商业银行已经积累了大量资源储备，纳入了多层次的人才。但是由于制度等因素，使得体制机制存在僵化，内部唯上文化盛行，最终导致创新能力存在不足。如果制度和体制机制不进行调整创新，那么这些都会成为银行转型的深层次制约因素，就算进行了创新也会演变为作秀，无法将创新真正落到实地，"传统金融生态圈"无法达到"互联网金融生态圈"的活力和效率。

首先，要建立符合互联网金融的战略目标和战略定位。一个企业的战略目标和战略定位将决定它的发展方向、竞争定位及价值理念。商业银行在制定战略目标和战略定位时，应该全面考虑互联网金融的发展方向，认识互联网金融给传统银行业带来的机遇和挑战，从制度层面转变传统银行的经营理念，培养全行的变革意识。

其次，要创新人才的培养和管理制度。无论是互联网的创新还是金融的创新，"人"始终是最活跃、最重要的因素之一。特别是互联网金融领域的创新和发展，都离不开员工的创造性和积极性。随着互联网金融的发展，银行需要为员工自身需要转型和接受新知识创造条件，而绩效考核体系和人力资源管理也需符合互联网金融的发展潮流，并建立起透明化、多样化的激励机制。

最后，要建立新型的风险评价及管理制度。互联网金融的风险特点和传统金融存在显著不同，因此，商业银行发展互联网金融时对风险控制的侧重点应该根据其特点进行设定。同时，在制定风险控制制度时，应该把握好盈利和风险的平衡性，调整对风险的容忍度。

（二）商业银行的组织创新策略

互联网金融创新要求商业银行能够建立起一套贴近市场、具备快速市场反应、具有创新活力的组织体系。与新兴互联网金融企业相比，我国商业银行的金字塔形组织架构管理层次多，信息传递效率低，市场反应速度慢，部门协调难度大，业务程序烦琐，分支机构管理水平差异大。因此，商业银行需要根据互联网金融的发展，重构一种适应网络化的组织结构，使得能发挥出现有资源自有创新的空间。

一方面，将重点部门进行分拆重组，实现条线化管理，推进银行整体结构的扁平化、专业化。将一些互联网金融创新重要的二级部门整合为一级部门，通过结构扁平化提高效率，并强化总行对于此类业务的直接管理。在"混业""跨界"的互联网金融发展模式下，对部门设置进行重新细分，界定各部门的功能和职责边界，避免业务重叠引起的内部竞争和相互扯皮。

另一方面，重塑互联网金融下总行与分支行的关系。当前大量互联网金融业务都由总行直接管控，因此，需要加强总行的业务职能，改变以往总行以管理为主的定位。同时，加强总行互联网金融业务与分支行业务的协调支撑，在产品管理、渠道管理、客户管理等方面加强相互的配合，并推动各网点业务和服务职能的转型。

（三）商业银行的产品创新策略

产品创新策略是商业银行为了满足客户需求、提高自身竞争力而进行金融产品开发的战略决策。在互联网等信息技术下，银行原有的大量业务可以以更高的效率提供给客户。同时，银行也可以利用新的技术开发出一些新的产品和服务。当前，金融业的产品创新日新月异，商业银行并无法凭借单个产品长期获得竞争优势。因此，商业银行既需要提高基础性产品的标准化，从而扩大其使用面，也要加大产品的特色创新。

首先，要进行支付方式的创新，以芯片智能卡为契机，加快在行业以及线上应用中的推广。金融 IC 卡具备一卡多用的基础，商业银行可以充分整合自身的银行卡业务，利用行业优势打造具有多重功能的智能卡。同时，可以以支付为入口，开发虚拟信用卡等产品。

其次，要进行融资服务的创新。融资服务是银行提供的最基本的服务，但是当前互联网金融给了中小企业更多的融资选择。商业银行应该根据客户行为习惯的变化以及经营环境的变化，利用互联网技术降低融资服务的提供成本，并通过合作加大对电商客户的开发。

最后，要进行理财服务的创新。银行理财要转型"大资管"模式，通过自己开发产品或与基金、保险等公司合作，丰富可以提供的产品种类。银行应该尽可能地降低理财门槛，吸引更多的零钱客户。可以尝试打通个人业务体系植入理财产品的策略，使得理财产品可以和银行卡业务、个人贷款业务等打通，使得银行内部的产品得到充分整合。

（四）商业银行的渠道创新策略

互联网金融也是一个"渠道为王"的领域。随着电子渠道在获客和服务中起到越来越重要的作用，商业银行纷纷加大电子渠道的投入来试图获得竞争优势。然而，在电子渠道重要性增加时，商业银行的渠道创新不仅仅是简单地将电子渠道作为降低成本的手段，也不仅仅是简单地用电子渠道代替物理渠道，而将物理网点简单裁减。商业银行应当加强线上线下渠道的融合，在强化线上渠道建设的同时，促进线下网点功能的调整和经营转型。

首先，要打造线上线下相融合的渠道服务能力。一方面，线上、线下的渠道建设需要同步、协调地建设，电子渠道和物理渠道不可偏废，需要共同提升两类渠道的服务能力。另一方面，要做好线下、线上渠道的联动配合，建立渠道和所制成产品、服务的协调机制，打通渠道之间的界限，充分发挥协同效应，使得客户可以"一点接入、全程响应"。

其次，商业银行应积极开拓创新，创新发展线上渠道。一方面，商业银行可以设法将更多的线下产品线上化，使自己成为线上客户的金融服务入口；另一方面，商业银行也要构建金融场景，提升自己的数据获取能力和客户黏性。如商业银行可以搭建直销银行，扩大自身的营销渠道；商业银行可以搭建电商平台，拓展客户来源；商业银行可以大力发展移动渠道，构建以银行为中心的移动金融生态圈等。

最后，商业银行可以扩界合作进行"泛渠道"开拓。商业银行可以和传统银行、线下连锁店、社交媒体、电商平台、第三方支付公司、通信运营商等开展跨渠道的合作，进行客户信息共享和综合利用，从而共同拓展客户群体。

（五）商业银行的技术创新策略

我国银行原有的金融创新以规避管制为主，是规避管制型的创新，但在创新中技术主导不足。互联网金融出现以来，它一直以技术驱动作为创新的主要动力，银行业面临互联网企业大数据、云计算、智能化等技术带来的严峻挑战。因此，在互联网金融时代，商业银行为了不落后于竞争对手，应将技术主导型创新作为金融创新的突破口，通过自创或引进、吸纳国外先进金融技术，来保持自身的金融创新能力，应对互联网金融所带来的冲击。

首先，需要整合好现有系统，发挥这些系统的最大价值。银行业是最早应用信息技术的行业之一，内部已经积累了大量稳定运行的系统。银行在互联网金融的发展创新中，不能忽略现有系统中存在的巨大商业价值，应尽可能地解决现有遗留系统的问题，整合这些系统的功能，提升信息的价值，并及时地根据信息与通信技术的进步，将这些遗留系统进行升级改造。

其次，大力发展大数据、云计算等互联网金融 IT 基础设施。传统银行开发系统时往往遇到系统容量难以确定的问题。如果系统容量定得过大、远超实际使用，则既价格不菲，又浪费资源，如果系统容量定得太小，则随业务的发展，系统又得升级换代。大数据、云计算基于"云"的弹性思维可以很好地解决这个问题。

最后，大力发展互联网智能技术。互联网金融基础设施是偏硬件的技术支撑，互联网智能技术则是偏软件的技术支撑。互联网智能技术包括视频识别技术、海量数据挖掘、机器学习算法等，商业银行可以利用这些技术对海量数据进行有效挖掘，实现对客户精准营销。同时，银行还应探索人脸识别技术等远程开户技术，为未来银行的线上全流程化做准备。

（六）商业银行的风控创新策略

风险控制是金融业的核心问题，无论是商业银行还是互联网企业，良好的风险管理能力都是它们持续经营的前提之一。在目前国内经济下行压力加大、利率市场化深化、金融脱媒加速等情况下，商业银行在坚持稳健经营、坚守风险底线的大前提下，还是应该探索新型的风控方式。例如，利用移动互联网时代新的技术、新的风控思路，整合、健全和创新风险管理体系，以适应互联网金融时代对风险控制新的要求。

第一，银行在产品的风控方面可以借鉴互联网企业的大数据风控模式。利用大数据金融风控技术，一方面通过互联网平台（电商平台、网络社交平台等），可以更全面地收集相关数据信息，更快捷地整理已有的资料。例如，传统金融机构一般只有个人和企业的信贷数据和资产证明等硬信息，是结构化的数据，而互联网金融企业收集了个人或企业留在网上的各种行为数据、非结构化的数据，如网上购物行为、社交网站上的转发和评论行为等；另一方面通过借助分词工具、图形识别、文字识别等技术手段，可以更快捷地将已有资料中的关键信息提取出来，在对各类行为进行信息加工处理后，尤其是对非结构化数据的挖掘和处理，结合已有的用户资料，可以建立各类信用评价模型、风险投资模型等。

第二，加大对新型风控方式的支持力度，尝试风控技术的推广和利用。在新的风控机制之下，银行要做好人员、应急反应机制以及信息化内审的支持，确保新型风控有序开展。同时，风控能力突出的商业银行未来要在互联网金融领域争夺一席之地，也要利用好自己所掌握的风控技术优势，加快风控技术的外部输出和推广。

二、互联网金融模式下商业银行创新路径

（一）商业银行的制度创新路径

在建立互联网金融战略目标和战略定位方面。第一，商业银行要在制度上明确互联网金融的变革已经成为必然的趋势。市场的竞争压力正在不断增加，而技术的进步速度和产品的迭代更新周期也在不断加快，银行业自身的力量并无法左右大数据、云计算等互联网技术以及电子商务、信息技术行业对金融业带来的冲击和变革。商业银行必须改变自己，不再惧怕变化，自我革命，树立"不变注定是死，改变才有可能活着"的理念，走在互联网金融变革的前列。第二，要改变传统的盈利观念。商业银行经营的最终目标是实现利润的最大化，而不是分布网点的最大化、人员规模的最大化或是存款的最大化，这在互联网金融领域显得尤为明显。只有那些最终能够降低市场交易成本、提高金融效率的创新，才应该鼓励和推广。在互联网金融发展中，客户已经是决定银行未来发展潜力的首要因素，因此，银行应该在制度中明确将客户作为未来盈利最重要的依托因素。第三，建立起以数据为基础的战略决策制度。数据可以帮助银行发现宏观经济形势、客户生活习惯、客户满意程度等的变化，有助于银行及时调整自身业务策略及发展策略，使得决策更加科学和客观。未来银行应当在制度上确立更多地以数据和事实说话的战略决策机制，减少依靠"直觉""拍脑袋"等的决策方式。

在人才培养和管理制度方面。第一，要加大复合型人才的引进和培养。互联网金融同时具备金融属性和技术属性，是一个交叉型产业。当前，商业银行员工的知识结构或偏重于纯信息技术领域，被分配至银行科技部门，或是纯经济金融专业，被分配至业务部门。既掌握互联网技术又具备商业银行业务管理能力的人才少之又少。加之商业银行内部鲜有科技部门与业务部门之内人员的交流流动，使得复合型人才更是罕见。因此，除了在人才招聘时加大对复合型人才的引进力度以外，商业银行还要在内部"挖潜"，建立业务部门与科技部门之间人员的交流和流动制度，要求每个部门配备跨专业的人才。同时，也要建立起跨专业的业务、知识培训制度，提高行内复合型人才的比例。第二，要改革人力资源管理制度。在商业银行，普通职员只有成为管理人员后才能在薪酬和地位上获得较大的提升。但是在互联网金融模式下，为了更贴近客户并提高响应时间，往往会减少管理层

级，这对员工的个人能力要求又有了提高。优秀人员比例增加，但是晋升通道变窄，这意味着必须调整当前激励机制，商业银行应该为员工提供其他方面的补偿，如工作稳定性、办公场所的条件以及其他物质激励，等等。第三，考核制度要更适应互联网金融的特性。互联网金融领域有流量就有价值、有客户就有价值，但是这些价值短期内可能无法在盈利里获得体现，却在将来某个时期有可能爆发。因此，在银行互联网金融创新的过程中，考核制度也必须转型，不能仅仅以当期盈利作为业绩考核，而需要从流量、客户等多方面进行可持续经营的考核评判。

建立新型的风险评价及管理制度方面。第一，改变当前对风险一刀切式的"零容忍"管理。传统银行一向以稳健经营为导向，在严格的监管下形成了对风险"零容忍"的谨慎态度，但也因此失去了很多创新与争夺市场的机会。互联网金融在风险可控的情况下提倡"试错"文化，并以快速的客户响应和产品迭代来降低失败的可能、控制存在的风险。商业银行应当改变当前的风险管理制度，在风险可控的前提下，也允许进行一定的"试错"。当前，这需要有一个快速响应的团队作为风控保证。第二，进一步从广度和深度上深化风险管理制度。当前，银行根据监管要求也建立了风险管理和内部控制制度。但是很多制度只是为了应对监管的要求，在实际运作中并没有起到风险管理的作用。可以在风险管理条线和业务条线明确风险管理的双报告制度，要求业务部门接受风险管理部门基于风险的业务管理和指导。并且明确各部门在风险管理中的职责边界，做到风险管理的"竖到底、横到边"。第三，加强对互联网金融特殊风险的制度化管理。由于互联网金融和传统银行业务的风险特征存在不同，因此，商业银行在互联网金融创新中，需要对一些特殊的风险加强管理，例如，信息系统的安全问题、内部人员的操作风险问题、网络下的流动性风险问题等。商业银行应该要求对这些问题重点做好风险预案，并加强应急演练，使得互联网金融创新过程中的风险处于可控水平。

（二）商业银行的组织创新路径

在重点部门分拆重组、实现条线化管理方面。一是强化互联网金融部门，从而推动银行"触网"战略。在互联网金融爆发以来，一些银行已经将曾经隶属于电子银行的互联网金融单独提出，设立独立的部门，并作为重点业务进行发展；一些银行将电子银行部撤销，专门成立了网络金融部。无论采取何种做法，银行都应该将互联网金融作为和零售业务、金融市场业务以及中小企业业务并列的战略性业务。二是强化业务整合，撤并存在业务重复的一二级部门，实现组织结构的扁平化。当前工行、农行、中行、浦发、中信等都进行了总行部门的整改，撤并重组了多个一二级部门，通过减少管理和汇报的层级，降低管理成本、提高反应速率、推进结构扁平化，减少了人员冗余，也使得专业化的资源得到了更高效率的利用。未来银行在对一二级部门的调整中，应该进一步突出重点业务，加强对重点业务的控制管理。三是银行管理模式从块状为主向条块结合转变。一些国家的现代银行都以垂直管理为主的矩阵式组织架构作为其主要管理模式。我国商业银行通常采用块状的管理组织架构，这给互联网金融的创新带来了一定的瓶颈。在块状管理之下，商业银行的创新业务能否被有效执行取决于各个行长。而各分支行行长往往由于对创新业务的理解水平和重视程度不同，使得从整体来看银行的创新业务并没有像理想中进行全面的推进。因此，在互联网金融创新下，我国商业银行需要一个更加垂直化、专业化和便捷化的组织架构。但是由于中国市场的复杂性，并考虑到我国商业银行的块状管理由来已久，因此，不能立即完全复制国外银行的垂直管理做法。建议在短期内，采用条块结合的组织管理结构，循序渐进地推进组织架构的调整。

在重塑互联网金融下总行与分支行的关系方面。一是强化总行对互联网金融的集中经营与管理，加强线下网点的服务支持工作。总行应当汇集互联网金融的专业人才，集中对整个银行互联网金融业务的经营管理职能，如互联网金融的产品研发、业务运营、市场营销等。当总行集中互联网金融业务的开发与管理职能后，各网点要做好产品的宣传推广、意见反馈、线下服务支持等工作，成为互联网金融的线下服务中心。二是以互联网金融相关业务为重心建立银行总行与分支行的管理结构。由于互联网金融与网络信息技术、财务控制和管理以及公共对外宣传等都密不可分，建议在总行以及分支行内将互联网金融部、财务部、公共关系部等部门置于统一领导之下管理，从而极大地促进这些部门的合作与协调。三是搭建总行与分支行共享的客户平台。总行虽然对全行互联网金融进行集中经营，但是分支行作为产品营销、客户服务仍必不可少。同时，一些产品不适合通过互联网销售，则更需要发挥分支行的作用。因此，总行需要搭建分支行可以共享的、全行性的客户平台，包括客户数据平台、产品服务平台以及客户接触平台，等等。这不仅能为总行的集中经营提供条件，更使得各分支行都可以运用这一平台提高对客户的营销、服务效率，从而提升银行整体的业务收益。四是完善对分支行的互联网金融业务的考核体系。对分支行来说，总行的互联网金融业务与分支行的存款、理财销售业务等存在直接的利益冲突。按照目前的考核机制，一旦客户经理将本区域内的客户推荐成为总行直销银行客户之后，该客户未来的业绩归总行所有，大大打击了分支行推进互联网金融业务的积极性。由于未来互联网金融方面分支网点主要作为线下的服务中心，因此，应当改变当前仅用产品销售业绩对分支行进行考核的方式，而应减少总行与分支行之间的利益冲突，加大对客户服务评价等方面的考核。

（三）商业银行的产品创新路径

在支付方式创新方面。第一，银行需要将自己的定位从"支付方式"提供者向"支付服务"提供者转变。银行的支付创新不是为了客户提供更多的支付方式，而是为了帮助客户更顺畅、便捷地完成支付服务。因此，银行的支付方式创新要更多地抓住以往那些支付不便的"痛点"进行创新。第二，银行需要充分利用芯片智能卡的契机创新、推广新型支付服务。当前智能卡技术具有安全性高、支持多应用、支持非接触等特点，且可以与互联网、移动互联网完美融合，商业银行应当积极探索金融IC卡的一卡多用，进行银行内部产品的整合创新。同时，银行要培养用户近距离支付的使用习惯，拓展其在交通、公共事业等行业上的应用。第三，增强银行间的账户合作，降低支付的成本，提高支付的效率和成功率。第三方支付的一大优势是支付基本免费、支付成功率和支付到账时间优于银行。银行应该通过加强合作，降低支付费用，并提高支付成功率及到账时间。第四，银行可以与第三方支付公司合作，提高支付的安全性。商业银行可以有选择地与第三方支付公司进行信息共享，双方通过用户信息的交叉核对和校验，建立黑名单共享机制，可以有效地提高风险管理水平，更好地防止伪冒交易等。第五，以支付为入口，利用互联网技术开发新的产品与服务。如研究开展虚拟信用卡服务、声波支付、光波支付等，在不影响客户安全和隐私的前提下，为客户提供更为便利的支付服务。

在融资服务创新方面。第一，细分客户，加大对小微企业、电商商户融资服务的支持。针对小微企业、电商商户人均贷款余额较小，单次借款金额较小，贷款期限较短，用途多以短期周转为主，商业银行应该开发以"短、频、快"为主要特点的网贷产品，即借款周期短、借款频率繁、借款需要快速办理的产品。同时，银行应当尽力通过互联网技术，降低此类产品的成本。第二，商业银行应更多地采取主动授信形式，将授信的烦琐程序提前。蚂蚁金融的花呗、京东白条等都采用主动授信形式。相比于传统信贷需要申请人提交申请后再进行一系列的资格审查，主动授信形式在申请人提交申请后效率更快。商业银行可以依托互联网平台，根据潜在贷款人工作稳定程度、收入水平等指标进行信用等级划分，也可以根据小微企业年收入、所处行业等指标进行信用等级划分，在全面分析之后主动给予客户授信额度，从而缩短申请贷款后的审核程序，提高信贷效率。第三，商业银行应尽量将自己与小微企业的关系发展为关系型借贷关系，从而发掘为企业提供综合服务的机会。小微企业、电商企业存在着由小到大的成长过程，当银行为其提供信贷服务后，可以根据其不同的发展阶段、不同的需求类型，使得自己的信贷服务不断提升，融入财务顾问、现金管理、投资咨询等功能，在全面推动小微企业成长的同时，也扩大其综合服务范围。第四，尝试轻资产的融资服务创新，降低对资本的消耗。

（四）商业银行的渠道创新路径

在打造线上线下相融合的渠道能力方面。第一，重新设计网点布局，提高地区"智能银行"的网点覆盖率。根据居民状况（如居民的收入水平、教育水平）、金融场景状况（如超市、餐饮、购物中心的数量）以及商业状况（如写字楼数量、入住率、交通条件等）对现有网点进行"保留""关闭""迁移"或"重新布局"。通过对网点布局的重新设计，将后台流程集中，使银行网点可以腾出更多的精力致力于以客户为中心进行服务。同时，在一些城市和地区商业、金融、办公、娱乐等高度聚集的地方，设立"智能银行"网点，使得金融服务更简单、更快捷、更智能，让服务变得多渠道，也符合"金白领"市场的客户体验。第二，促进线上和线下渠道的融合。当前，由于大量商业行为完全完成的过程中面对面地接触是不可缺少的环节，因此，"O2O"（线上到线下）、"O2O2O"（线上到线下、线下到线上）的业务理念越来越受到商业银行的关注，很多银行开始了O2O理念的实践。银行需要围绕客户体验，尽快构建线上线下一体化的渠道服务能力，使用户可以"一点接入，全面响应"。

在银行创新发展线上渠道方面。第一，发展以网络为主渠道的直销银行，降低普通客户对实体网点的依赖，从而降低产品和服务的提供成本，在利率和服务收费等方面给客户一定让利，从而使自己更具竞争力。直销银行应将客户定位于那些具备网上消费经历、习惯使用互联网，对收益率变化敏感，注重高效实惠的人群。第二，以社交为中心打造银行的移动金融生态圈。银行应整合升级当前的手机银行、网上银行以及直销银行等渠道构建新的手机移动金融平台，同时将移动金融融入客户的"衣、食、住、行、医"等日常生活场景中，形成一个围绕客户的"移动金融生态圈"。这个生态圈向所有银行的客户开放，可以形成"他行客户即我行客户"的局面。第三，银行可以通过发展电商平台开拓自身的电商金融市场。银行通过打造电子商务平台，可以拓展服务界限、丰富客户来源、提高服务效率，可以整合传统金融产品、服务和渠道，突出综合营销和综合金融服务。银行在电商金融平台上，可以从过去单一产品、单一客户的营销向多产品、多客户群方面转变；可以通过平台上的跨业连接，实现金融与非金融业务的一站式服务，使得银行可以渗入非银行业务乃至非金融业务；银行也可以在电商平台上进行流程再造，主动适应客户需求的变化，使得"以我为中心"向"以客户为中心"的经营转变，吸引和留住客户。

在商业银行扩界"泛渠道"开拓方面。第一，银行可以进行线上线下银行合作，开拓代理销售业务。如国有商业银行可以建立银行平台，与农村信用社、村镇银行等实现双方业务系统的联通，使得合作银行的客户也能享受到国有银行现金管理、支付结算以及投资理财等服务。银行也可以通过银行平台为中小银行输出技术和业务支撑，补齐小银行的"短板"，成为银行的服务供应商。第二，可以和线下商场超市、连锁店、餐饮店等合作，构建O2O服务。通过发展社区银行，整合社会中和银行卡相关的资源，打造一个集社区购物、社区便民服务、金融服务一体的职能O2O平台。第三，与第三方机构合作，推出联名银行卡。如商业银行与第三方机构合作推出联名银行卡，共享双方的渠道资源，从而拓展客户群体。双方也可以进行权益共享，开放各自营销渠道，从而有效地使双方客户相互渗透。第四，与社交媒体合作，建设新型的"媒体银行"。比如，当微信成为社交趋势时，商业银行可以与微信合作支付业务及智能客户服务业务，借助微信进行推广、营销及客户服务，并在此之上打造智能化的服务平台。

（五）商业银行的技术创新路径

在现有系统整合方面。第一，加快银行信息系统的整合，减少信息孤岛，提升系统的整体信息价值。对仍具有商业价值的遗留系统，应当将其整合到银行信息平台之内。在大数据时代，商业银行内部的结构化数据仍然极具价值，应减少这些结构化数据的信息孤岛，发挥信息集成的整体价值。第二，提升原有系统的可兼容性。银行内部系统通常由多个子系统组成，这些子系统具备一定的独立性，因此，在单个升级改造时需要考虑其兼容性。银行可以采用"服务导向架构"（SOA）改造、更新这些遗留系统，提供一些标准化的接口，允许程序之间通过这些接口相互访问，也允许这些组件在银行整个体系内通过网络建立松散的偶合关系，并被重复使用。第三，对必要的遗留系统进行再工程。随着全新技术成果的不断涌现，一些核心系统慢慢无法跟上信息和技术前进的脚步，成为银行系统内的瓶颈。对于这些系统，当保留遗留系统的成本和风险超过更换或再工程这些核心系统的成本和风险时，应对这些核心系统进行升级改造，从而适应越来越挑剔的客户、越来越快速的变化和越来越复杂的市场。

在大力发展云计算、大数据等 IT 基础设施方面。第一，利用大数据、云计算提升自身计算、存储的能力和弹性。利用大数据、云计算技术，银行可以建立自身的 IT 资源池，这个资源池包含了计算力和存储力。由于这些"云"资源是通过协调成千上万台服务器形成，因此具备无限伸缩的计算、存储能力。在持续运营阶段，较强的可扩展性是一个重要因素，银行的 IT"云"可以有效解决这个问题。第二，积极而审慎地开展银行的去"IOE"。所有的信息技术都有两面性，特别是在商业银行等金融领域。一方面，此类新的"云"技术可以提升业务效率，降低运营成本。如传统银行都是使用"IOE"系统，即使用 IBM 的服务器、Oracle 的数据库软件提供商和 EMC 的存储设备，从而构成了一个从软件到硬件的企业数据库系统。银行去"IOE"可以用成本更加低廉的软件——例如，在数据库方面用 MYSQL 替代 Oracle，在服务器和存储设备上使用 PC Server 替代 EMC2、IBM 小型机等设备，在降低了整套系统的购买、维护费以外，还可以消除国外厂商"IOE"的垄断，提高信息安全。另一方面，新技术的引入，也可能在数据接口、信息安全等方面引入其他不可预测的风险点。因此，商业银行在大数据、云计算的实际应用中，既要对新技术保持敏感性，积极跟进与研究，也要审慎地引入，确保核心系统的稳定以及信息的安全。第三，利用大数据、云计算平台对外输出 IT 服务。阿里巴巴已经推出了"聚宝盆"服务，专门为中小银行提供 IT 服务的支撑。银行自身也可以为金融业提供此类服务，使得银行的 IT 服务可以像电网供电一样来提供，按需使用，根据实际使用付费，既为使用者降低了成本、节约了维护费用，也为提供的银行增加了稳定的利润增长点，有助于培养同业间的良好关系。

在发展互联网智能技术方面。第一，要建立专业化的智能化技术团队，这个团队可以支持高实时的数据挖掘技术、高可用的数据统计技术、高可视的模块数据展示技术等，使得商业银行从 IT 向 DT（Data Technology，数据技术）转变具有一定的人才支撑。第二，利用大数据等智能技术，使自己从支付、融资中介跻身信息中介。银行要应对电商等互联网企业的竞争，必须尽快补齐信息的短板。因此，商业银行必须推动大数据技术的应用，加大对信息的收集、整理、分析与应用，对整个核心信息层进行改造，使之成为可以挖掘客户群的信息财富。第三，研究开展个性化金融服务，利用智能技术进行精准营销。传统的营销方式通常属于盲目撒网式的"扫射"，精准"点射"较少。这是因为虽然银行也强调"客户需求导向"，但是银行了解客户需求的渠道还是较窄，且通过人工手段连接、设计个性化金融服务成本过高，经济角度来看并不合算。而从客户角度来看，面对大量的金融产品，其往往也会不知所措，找不到自身最需要的产品。商业银行可以利用智能技术，根据以前畅销的各种金融产品特征（例如金融产品的起售金额、收益率、销售量），再结合对应客户的职业、学历、年龄、资产等信息，通过回归模型和分类算法，快速准确地识别各类客户所偏好的产品，并指导产品定价和销量预估。随着数据越来越"大"、计算能力不断提升、机器学习算法越来越先进，可以更准确识别与理解客户需求，智能化地满足不同层次、不同类型客户个性化的金融服务需求。比如，商业银行可以根据客户在哪些产品网页停留时间的多少，点击次数的多少，来判断客户的兴趣点、产品偏好，为客户制定最合理的投资组合，并进行精准营销。第四，探索人脸识别、指纹识别等技术在金融领域的适用性。人脸识别技术在金融方面的应用才刚刚起步，但是具有广阔的应用前景，当前比较迫切的应用是人脸识别技术在远程网上开户中的应用。在这一方面，互联网企业已经走在前列，但目前该技术还在安全性评估中。商业银行也应加强此类技术的研发，探索远程开户技术在金融机构中的适用性及业务合作的可能性。此外，银行还应加大其他生物识别技术的研发，如阿里巴巴正在重点研究声纹、人脸等生物特征，以及键盘敲击等行为特征。面对这些生物识别技术，银行也应加大探索，避免落后于互联网企业。

第五章　战略性新兴产业发展的科技金融创新模式

第一节　战略性新兴产业与科技金融的理论基础

一、战略性新兴产业的理论基础

（一）战略性新兴产业的内涵

1.战略性新兴产业的定义

战略性新兴产业是伴随信息、生物、纳米、新能源、环保、海洋和空间等新技术的进步而涌现出的一系列新兴的产业部门，它们代表产业发展的未来方向，在各国转变经济增长方式、促进经济发展中将起到战略性的作用。

从概念上讲，"战略性新兴产业"涉及了两个核心词："战略性"和"新兴"。其中，"战略性"有两方面的含义：第一，从国家经济发展和国家之间竞争角度来看，"战略性"主要体现在该产业对国民经济运行的重要影响力，对产业结构高级化、综合国力和国际竞争力提升有巨大的促进作用；第二，从经济性来看，"战略性"主要体现在该产业具有范围经济、规模经济、集聚经济（对学习效应、网络外部性以及前后向关联效应的一个综合简称）等特征。"新兴"有三方面的含义：第一，从时间的角度来看，相对于传统而言，"新兴"是意味着刚刚兴起；第二，从技术的角度来看，相对于传统技术和产品而言，"新兴"代表着新技术、新产品；第三，从市场成熟的程度来看，"新兴"处于刚刚起步阶段，市场容量非常小，市场存在较高的不确定性。产品的设计没有定型，用以制造产品的机器设备专用性强。

从字面看，战略性新兴产业显然是新兴产业和战略产业的"交集"。这包括两层含义：首先，战略性新兴产业是新兴产业的一部分。它必须符合新兴产业的自身特征，也就是说，它是随着新的科研成果和新兴技术的发明应用而出现的，但在一段时间内产业的成熟度不高、价值链条不完整、市场需求不显著。其次，战略性新兴产业是新兴产业中能够成长为主导产业、先导产业或支柱产业的那部分。即是说某些新兴产业虽然目前产值较低、效益不显著、引导性不强，但是经过一段时间的政策扶持和发展，能够在未来产生较高的增加值和利润或者引领其他产业的发展方向，进而升级为国民经济的主导、先导产业或支柱产业。

因此，可以对战略性新兴产业的定义如下：战略性新兴产业是指在经济发展的特定阶段，以科技重大突破为前提，以新兴技术和新兴产业深度融合为基础，能够引导社会新需求、带动产业结构调整和经济发展方式转变，并能在一段时间内成长为对国家综合实力和社会进步具有重大影响力的主导产业、先导产业或支柱产业的行业和部门。

2.战略性新兴产业的内容

在后金融危机时代，战略性新兴产业应运成长和壮大，已被世界各国赋予了引领新一轮科技革命、摆脱经济危机束缚的历史使命，成为投资发展的重点。培育和发展战略性新兴产业，正成为世界各国抢占发展制高点的重要措施。当前，主要国家为振兴经济、获取发展新优势，纷纷制定新的国家发展战略，加大投入支持，加速重大科技成果转化，培育危机后引领全球经济的新能源、新材料、生物技术、宽带网络、节能环保等新兴产业，努力抢占新一轮科技经济竞争制高点。

发展战略性新兴产业的重点领域主要集中在五方面：一是新能源、环境保护与治理技术及设备制造产业；二是新一代电子信息技术及其应用，包括具有国际竞争力的关键元器件、软件及其在下一代互联网、三网融合、物联网等领域的应用；三是现代农业以及与生命健康相关的生物工程技术及其产业；四是高端装备制造业，包括航空航天装备、智能制造装备、新兴交通运输装备、新能源汽车、海洋工程装备等；五是新能源、生物工程、高端装备制造业和消费品工业所需要的各种新材料。

（二）战略性新兴产业的总体特征

1.演化性

战略性新兴产业作为一种"特殊"的产业，与高技术产业、高新技术产业、主导产业、支柱产业、基础产业有很大差别，但仍具有其他产业所共有的特征。它会随着生产力水平特别是技术水平的不断提高，而呈现出不断演化的趋势，即从较低技术水平向较高技术水平，以及向更高技术水平进行演化。

技术进步是战略性新兴产业演化的核心力量，但如果一味地研究和开发新技术，却不很好利用，不能及时转化为经济效益，就会导致技术应用效率不高，甚至是自己研究出来的新技术被他人推广应用，成为他人的效益。

战略性新兴产业的演化过程，除受技术进步影响以外，还会受到以下三个因素的影响：第一，知识要素，尤其是高级知识要素的积累，它的众寡直接影响战略性新兴产业的演化进程，战略性新兴产业的发展需要大量的高级知识要素作为支撑。第二，社会需求结构和世界市场的变化。作为新兴产业，它所生产的产品往往都是最新的产品，其产品是否

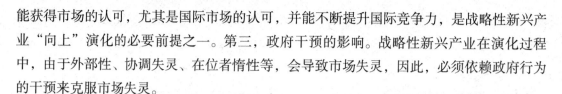

能获得市场的认可，尤其是国际市场的认可，并能不断提升国际竞争力，是战略性新兴产业"向上"演化的必要前提之一。第三，政府干预的影响。战略性新兴产业在演化过程中，由于外部性、协调失灵、在位者惰性等，会导致市场失灵，因此，必须依赖政府行为的干预来克服市场失灵。

2. 周期性

战略性新兴产业是处于产业生命周期早期的产业，它与其他产业一样，也会经历创新阶段、成熟阶段和标准化阶段。

产业生命周期的三个不同阶段：萌芽、成长和成熟。在萌芽阶段，市场容量非常小，市场存在较高的不确定性，产品的设计是粗糙的，用以制造产品的机器设备是非专门化的；在成长阶段，产量增长速度加快，产品设计逐渐趋向稳定，产品创新下降；成熟阶段，面对的是成熟的市场。战略性新兴产业经历萌芽阶段将最终会走向成长和成熟阶段。

在不稳定阶段，由于设计思想缺乏一致性，多种产品设计进入市场且频繁变动，产品功能有待完善，企业不知何种产品具有最大的市场潜力；在转换阶段，经过不稳定阶段的不断"尝试—纠错"，出现了一个将技术资源与市场需求联结起来的代表优秀产品的主导设计，降低了市场不确定性；在稳定阶段，主导设计的出现使产品设计、生产程序和生产工艺日益标准化，市场需求稳定。战略性新兴产业经过不稳定阶段的"尝试—纠错"，会进入转换阶段，即形成代表优秀产品的主导设计，最终它也会走向稳定阶段。

3. 集聚性

目前，我国战略性新兴产业发展基本处于产业生命周期的早期阶段，通过战略性新兴产业的产业联合发展有利于产生积极的集聚效应。

不过，在战略性新兴产业的发展初期，尚未完全出现可以作为行业领头的重点企业，同时由于当前生产同类高新技术产品的企业数量还很少，以致战略性新兴产业集聚效应未凸显出来。

集群的产生需要进行大量科学的研究和实践积累，只有局部偶然的因素不能使集群得到充分的形成，更不能稳定集群的发展，集群的形成和巩固应该以战略规划和战略目的为导向。

因此，为了实现正的集聚效应，我国战略性新兴产业的发展既要充分把握住每一次偶然性机遇，更依赖于政府和科学研究机构等主体职能的充分发挥。

4. 主体交互性

战略性新兴产业既具有"战略性"，又具有"新兴性"。"战略性"可能体现在该产业对于国家经济社会利益的长远影响，"新兴性"在一定程度上又可以理解为双重含义，即技术先进性和产业新建性。正是由于战略性新兴产业具有这样的特点，所以，必须要求政府、产业、大学、研究机构、金融机构、中介机构等主体交互作用，才能实现其长远的发展。

大学—产业—政府三方在创新过程中应密切合作，相互作用，三方中的每一方都表现出另外两方的一些能力，同时每一方都保持自己的独立身份。由于联系与作用，代表这些机构范围的每条螺旋都获得更大的能力，并进一步相互作用与合作，支持在其他螺旋里产生的创新，因此，形成持续创新流，共同发展。一些学者在此基础上还提出可以将劳动力、风险资本、公众等视为第四螺旋。"三重螺旋"和第四螺旋理论既为战略性新兴产业发展提供了理论基础，又为其发展提供了新的发展思路。

5. 知识密集型与专业化

战略性新兴产业是知识密集型和技术密集型产业，其产品是人类大量新知识和高级技术劳动的结晶，具有知识密集型和专业化的特征。战略性新兴产业发展的关键是人才和知识，尤其是高级人才和专业化知识。

科技进步是战略性新兴产业不断发展的根本动力，而人则是知识技术的创造者和使用者。不断地开发人力资源和人力资本，是一种长远的、从源头对战略性新兴产业竞争力培育和提升的措施。建立一个共同的人才培训和流动平台，为战略性新兴产业内企业提供所需人才，并使得人才能够通过这个平台在产业内企业自由流动。加大引进海外人才和智力的力度，完善海外人才与引智工作的政策体系。利用信息技术扩展、完善国际性人才交流推介网络和市场中介服务，以及在海外举办人才推介、招聘会和设立联络处等多种途径，大力引进在跨国公司国际组织中担任高级职务或拥有高新技术成果，以及国外知名大学、科研机构中有较高学术成就的海外人才。

二、科技金融的理论基础

（一）科技金融的内涵

科技金融作为推动产业结构升级和创新型国家建设的重要动力，长期以来备受关注。现代工业体系只有依靠创新才能建立，而信贷对于实现创新又是至关重要的，也就是说，金融是驱动创新和科技产业化的重要力量。在分析了技术进步率、资本增长率和劳动增长率之间的关系，可以认为金融系统的发展在于动员储蓄、提升投资比率、提高资源配置效率、增加投资并实现人力资本积累，借助技术的进步实现经济稳态增长，因此，金融发展与科技进步之间存在相互促进的关系，科技进步增加社会财富，社会财富提供科技发展的动力。科技金融是一种技术经济范式，技术革命是经济发展的引擎，金融活动是推动社会经济进步的燃料；技术的创新导致新业态的出现，市场盈利空间迅速上升，风险资本家迅速投资于新技术领域，推动技术成果的快速产业化。因此，金融的发展对于科技创新和成果产业化具有推动作用，二者之间存在良性互动的关系。科技创新成果能否快速实现产业化，需要借助金融市场实现科技成果的产业化，并以高额的市场回报来激励科技创新和产业化的效果，因此，科技创新的价值最终需要市场来检验。金融市场为检验科技创新创造了条件和基础，科技创新的最终价值实现必须借助金融市场来实现，从科技创新研发的种子期到成熟期的二次创新和集成创新，都需要专业性的金融市场来评价并实现其价值。金融市场的存在能有效地降低创新市场的风险，通过金融市场的专业化监督，可以避免整个社会对科技创新监督的成本，最大限度避免科技创新市场出现道德风险问题。

随着我国改革开放和创新型国家建设的推进，科技金融在科技创新和产业化中作用日益凸显。科技金融是促进科技开发、成果转化和高新技术产业发展的一系列金融工具、金融制度、金融政策与金融服务的系统性、创新性安排。房汉廷则认为科技金融是金融工作的深化，利用金融市场为科技财富载体提供融资，为高成长期的科技财富载体提供放大化的安排，使财富获得规模化效应。从国内的研究中不难发现，我国学者将科技金融理解为与科技发展和产业转化服务相关的系列金融活动，科技创新和产业化是主体和核心，金融处于从属地位，科技金融只是传统金融业务为适应环境变化在功能和业务上的一种延伸。

可以认为，科技金融是利用金融体制机制发挥诱导作用，结合科技创新和产业化的周期性特征，实现科技创新资本化、金融资产产业化，避免金融与产业分离的泡沫化、科技创新与市场需求脱节的离散化，将同质化的金融资本与异质化科技创新相结合，克服资本投入边际效率递减和科技创新动力的衰减。

因此，科技金融是科技创新带来的市场竞争力和金融市场资源高盈利能力的结合，是降低投入成本和提高产出效率的资源组合模式，是推动创新型国家建设的主要动力。科技金融是科技和金融的融合，是创造性毁灭与价值增值的紧密相连；科技金融具有动态和周期性特征，其盈利水平和能力不仅与企业创新活动相关，而且与产业成长紧密相连。

科技金融具有一般金融资产的特性，即安全性、盈利性、流动性，其支撑力度与风险紧密相关，技术研发初期的不确定性使创新获得科技金融的支撑力度有限，造成人类智慧资源和创新潜力的浪费；当某些创新的市场价值得以显现，金融资本的逐利性会产生"羊群效应"，导致市场饱和科技创新成果的加速折旧，浪费创新的价值，抑制创新的积极性。因此，科技金融是一把"双刃剑"，需合理引导与充分利用。我国要推动战略性新兴产业的发展，需要充分发挥科技金融的引导作用，使科技金融成为推动我国战略性新兴产业发展的重要力量。

（二）科技金融的体系

1.科技金融的参与主体体系

科技金融体系是科技金融建设的"骨架"，能够有效统筹科技金融的理论研究和实践工作。从科技金融的参与主体来看，科技金融体系是在科技金融环境下，由科技金融主要需求方、供给方、中介机构、政府和科技金融生态环境等科技金融要素组成的综合体。

科技金融体系建设实质上是由政府主导，科技企业、资金提供方、中介服务机构共同参与，相关主体发挥相互扶持、资金支持、信用评级、风险控制等功能，依托科技创新体系，贯穿投融资信息发布、企业资信审查、融资洽谈、融资达成、融资后事项等金融建设全过程，充分利用政府与市场这两只强有力的手，建立资源流转顺畅、风险控制有效的科技金融创新模式，进而实现金融支持科技企业的目标。

在科技金融参与主体体系中，政府应发挥服务、引导和辅助的功能，为科技企业提供支持，引导和监管整个科技金融创新体系的建设。科技部门要界定"高新"和高技术范畴，甄别战略性新兴产业，进一步明确科技型项目、产品、无形资产、专利和非专利技术。财政部门应落实地方政府所有科技金融补贴政策，做好预算，合理分配预算内与预算外资源。金融主管部门应促进各类金融机构与战略性新兴产业联系，并通过金融创新解决该类企业的燃眉之急。

科技金融的供给方，主要包括政策性银行、商业银行等金融服务机构、创业风险投资机构、科技保险机构和科技资本市场，及民间金融和内部融资等。其中，国有商业银行应在相关科技金融政策的指导下，依托科技金融创新体系，充分发挥其在科技金融创新中的核心作用。政策性银行应该发挥其政策导向的作用，加强与其他金融机构合作，创新担保形式和产品，做好政府财政的缓冲器。风险投资机构应依托科技金融创新体系，充分获取融资各方的信息，选择合适的融资对象，在支持科技金融的同时，丰富金融机构的服务产品与业务。

科技金融的需求方，包括高新技术企业、大专院校以及其他科研机构、政府和个人，其中高新技术企业是主要需求方。本文突出强调战略性新兴产业是科技金融支持的主要对象。战略性新兴产业应积极主动参与到科技金融创新体系的建设中来，提高自身产品科技含量，规范企业的财务制度，提升企业信用水平，加强与政府和金融界的沟通，加大对扶持资金的审计力度，降低融资风险。

中介服务机构包括会计师事务所、律师事务所、评估师事务所、券商分支机构、担保机构、信用评级机构等。中介服务机构作为连接科技和金融服务的桥梁，扮演推动科技孵化、降低金融风险的角色，为政府、金融和科技界提供信息咨询服务。

2.科技金融的构成体系

按照金融结构的特点，本文把科技金融概括为六个部分，即科技财力资源、创业风险投资、科技资本市场、科技贷款、科技保险、科技金融环境。其中，创业风险投资、科技资本市场属于直接融资，科技贷款属于间接融资。

科技财力资源是指国家通过财政政策预算和科技税收政策，为科技活动提供金融支持，相对于其他金融手段更加关注科技的研发，政府通过直接和间接介入来影响研究和发展的结构、总量、强度等。基础性研究因为投资大、风险高，所以，市场资金进入相对较少，需要发挥政府的调控作用。

创业风险投资，专业投资机构在承担高风险并积极控制风险的前提下，投入高成长性创业企业特别是高新技术企业并积极追求高额收益的权益性金融资本，包括私人创业风险投资和公共创业风险投资，从企业生命周期来看，创业风险投资是高新技术企业种子期、初创期、扩张期重要的外部融资途径。

科技贷款是为科技开发、科技成果转化等科技活动提供债务性金融支持。科技贷款可以分为商业银行科技贷款、政策银行科技贷款、民间金融科技贷款和金融租赁四部分。

科技资本市场是为高新技术企业提供直接融资的除创业风险投资之外的资本市场。根据风险性、流动性不同，资本市场又可以分为主板和中小板市场、新三板市场、创业板等部分，科技资本市场除了融资功能以外，还具有风险定价、风险转移、风险分配和激励功能。

科技保险是针对科技活动、高新技术企业运营风险和科技金融工具风险进行保险，旨在降低科技开发风险、高新技术企业风险和科技金融系统风险的金融工具。与其他几个部分不同，科技保险的主要功能是风险转移、分散功能，可以分为商业性科技保险和政策性科技保险两大类。

科技金融环境是指科技金融各种工具运行的经济、社会、法律、文化等体制、制度和传统环境。科技金融环境影响科技金融的发展水平和运行效果，是科技金融体系的重要组成部分。

第二节 我国战略性新兴产业科技金融的发展态势

一、我国战略性新兴产业科技金融的基础

（一）我国战略性新兴产业的发展态势

国际金融危机后，国外一些国家把发展战略性新兴产业作为突破口，力争重塑国家竞争优势。为积极应对国际金融危机，主动迎接新科技革命挑战，加快经济发展方式转变，我国选择节能环保、新一代信息技术、生物、高端装备制造、新能源、新材料、新能源汽车等一批具有广阔市场前景资源消耗低、带动系数大、经济效益好的战略性新兴产业优先发展。这些产业对加快转变经济发展方式，实现经济结构的战略性调整，提升产业整体创新能力具有十分重要的意义。

为了加快战略性新兴产业发展，准确把握新技术变革形势下我国战略性新兴产业发展的阶段性特征，按照 S 曲线，对这些战略性新兴产业的发展阶段进行了初步判断。总体上看，这些产业大多数处于技术爆炸性和技术持续高增长阶段。信息产业、节能环保产业、生物育种、航空航天、电动汽车都处于技术持续高增长阶段，新产品新产业和新技术体系接连出现，更新和替代现有的技术系统。随着技术发展和新产业出现，利润和预期市场的扩大，资本会大量投入这些新产业。

新能源产业和新材料产业的发展相对分散。在新能源领域，风能技术发展已趋于缓慢增长阶段市场，经过扩散、扩张后已基本稳定；生物质能也发展很快，但是发展潜力最大的木质纤维生物质的研发和利用还有待进一步深入；太阳能处于起步阶段，光伏产业的前景拭目可待，在不断提高转化效率的同时，加大产业化力度，实现大规模商业应用，太阳能热发电具有一系列明显优势，其全生命周期的碳排放量非常低，但还需要突破聚光成本高、热功转换效率低等问题。在新材料产业方面，微电子和光电子材料，新型功能材料发展相对较快，纳米材料已在部分领域得到应用，智能材料的发展相对滞后。新材料是基础产业，对经济社会发展和国防建设具有举足轻重的战略作用，应当置于优先发展的战略地位。

生物医药产业和海洋产业刚刚起步。在生物医药产业，我国新药研发疫苗、抗体、组织器官工程等技术取得实质进展，鉴定了一批疾病相关的功能基因，解析了一批重要蛋白结构，发现了一批药物靶标，为新药创制提供了技术来源。我国疫苗与抗体研发达到国际领先水平，有效支撑了我国重大传染病和重大疾病的防控。在海洋产业，我国近海油气勘探开发等多项技术处于国际先进水平，我国 3000 米水深半潜式钻井平台已进入制造阶段，研制成功了工作深度从几十米到 6000 米多种深海资源探查装备，为实现由浅海向深海的战略转移，支持蓝色经济发展奠定了重要的技术基础。

（二）我国科技金融的发展态势

从发展现状来看，近年来，科技与金融的结合呈现加速态势，"科技金融"的提法受到广泛认同，围绕科技金融而出现的多层次金融组织体系、多元化融资服务、多样化产品供给组合日益丰富，成为经济金融良性互动的一个重要领域。经济体制、金融体制和科技体制的改革在我国已经取得了显著成效，政府把科技创新提高到了战略的层面，并着手规划科技金融发展的金融保障体系。从科技保险试点，"新三板"设立，到风险补助基金的建立，都体现了全面、深入、系统的宗旨，我国科技金融的发展已经进入全面深度融合阶段。

二、我国战略性新兴产业科技金融发展的优势

战略性新兴产业是一个国家或地区实现未来经济持续增长的先导产业，对国民经济

发展和产业结构转换具有决定性的促进、导向作用，关系到国家的经济命脉和产业安全。从我国当前的经济社会条件来看，我国大力培育战略性新兴产业，不仅是目前应对国际金融危机，促进经济发展的有力手段，更是未来提升综合国力、向全球经济制高点迈进的重大战略选择。培育和壮大战略性新兴产业不仅是十分必要的，而且是可行的，基于战略性新兴产业的科技金融创新已成为大势所趋。具体来讲，目前我国战略性新兴产业科技金融发展和创新的优势条件有：

（一）国际战略性新兴产业发展还处于起步阶段

目前，世界各国战略性新兴产业发展多处于起步阶段，并未形成某一国家或地区的绝对领先优势。一方面，意味着该领域拥有巨大的市场潜力空间，只要首先掌握关键核心技术，就能够通过"先发优势"在未来国际竞争中获得主动；另一方面，这也意味着我国与国外一些国家站在同一起跑线上，可以摆脱传统产业发展的劣势束缚，集中资源培育战略性新兴产业，以获得跨越式发展。

（二）我国目前已具备良好的战略性新兴产业发展基础

近年来，得益于经济发展和国家投入的不断加大，我国整体科研能力有了极大提高，在很多战略性新兴领域研发水平与其他国家差距很小，甚至具有领先优势。以物联网产业为例，我国在此领域的技术研发已有十几年，一批关键技术取得重要进展，在标准制定、应用示范等方面已走在世界前列，已建成全球规模最大的IPv6互联网，初步形成了完整的产业链。另外，我国还具有他国无法比拟的资源优势，富产锰、铁、钒、磷、稀土等稀有矿产资源，这些都是发展电动汽车等新兴产业关键零部件所必需的原材料。

（三）政府对战略性新兴产业的扶持力度不断加大

从发展的政策环境来看，中央高度重视相关产业的培育和发展。多次明确提出要大力支持战略性新兴产业，抢占新兴产业的制高点。此外，各地政府也纷纷出台一系列发展规划和政策意见，为战略性新兴产业的发展营造良好的政策环境。此外，相对较低的研发和制造成本，也是我国发展战略性新兴产业的优势所在。

总之，当前我国已具备培育战略性新兴产业科技金融发展的基础条件，只要尽快在关键领域获得核心技术的突破，就完全有可能在未来的竞争中抢占制高点，促进战略性新兴产业成为推动我国经济社会全面可持续发展的新引擎。

第三节　战略性新兴产业科技金融创新模式构建

一、科技金融创新模式构建的原则

（一）基于传统科技金融融资方式的原则

传统的科技融资模式是科技金融模式的创新基石，是基础原则。传统的科技金融融资模式一般为单维模式，分为间接融资模式和直接融资模式。间接的融资模式是以银行体系为主导，主要包括一般银行融资和科技银行融资；直接融资模式是投融资双方的直接交易，主要包括风险（创业）投资和创业板、产权交易。

一般银行融资是指一般的商业银行贷款。科技银行不同于传统的商业银行。一是贷款客户不同；二是贷款依据不同：商业银行主要依据流动性、安全性和效益性"三性"原则发放贷款，科技银行则通常借助风险投资，构建风险管理架构。科技银行主要为风险投资，而创新型高科技企业往往伴随高风险，所以其专门为高科技企业提供金融服务。

风险投资一般采取风险投资基金的方式运作。风险投资基金在法律结构是采取有限合伙的形式，而风险投资公司则作为普通合伙人管理该基金的投资运作，并获得相应报酬。在美国采取有限合伙制的风险投资基金，可以获得税收上的优惠，政府也通过这种方式鼓励风险投资的发展。

创业板，在创业板市场上市的公司大多从事高科技业务，具有较高的成长性，但往往成立时间较短规模较小，业绩也不突出，但有很大的成长空间。创业板市场最大的特点就是低门槛进入，严要求运作，有助于有潜力的中小企业获得融资机会，促进企业的发展壮大。

产权交易，是指资产所有者将其资产所有权和经营权全部或者部分有偿转让的一种经济活动。这种经济活动是以实物形态为基本特征的出卖财产收益的行为；是多层资本市场的重要组成部分。其职能是为产权转让提供条件和综合配套服务；开展政策咨询、信息发布、组织交易、资金结算交割、股权登记等业务活动。

（二）分阶段支持的原则

战略性新兴产业的生命周期不同阶段的风险特征差异较大，针对战略性新兴产业在种子期、初创期、成长期和成熟期等不同成长阶段所对应的不同层次、不同功能的融资需求，充分发挥政府的引导作用和市场的纽带功能，通过债权融资、股权融资、上市融资等多种方式，遵循"战略性新兴产业梯形融资方式"，以便有效地解决战略性新兴产业融资难题。

战略性新兴产业梯形融资方式以提供量体裁衣的融资服务区别于传统单一的融资方式，是一种随战略性新兴产业的发展而动态适配的政府引导、民间资金积极参与的社会化投融资解决方案，是一次重要的体制机制创新，有利于为企业提供全面、综合的金融服务，同时有助于金融机构之间业务的合作和综合化发展。

种子期的战略性新兴产业处于酝酿阶段，对未来市场的预期存在很大的不确定性，且无"有形"的可供抵押资产。因此，此阶段应构建完善的科技和金融联合机制，筛选后备项目；以政府引导投资为主体，积极引入科技担保产品和研发税收优惠政策，增加天使投资基金规模，为种子期企业提供资金支持。

初创期企业一般缺乏业绩支撑，制度不健全，信用制度尚需完善，很难从银行等金融机构和证券市场融资。该类企业的融资应该更多地依赖科技金融创新体系中具有政府背景的市场主体来完成。

成长期企业各方面的资质有所提高，盈利能力、可抵押资产较初创期会显著改善，信用评级也会提升。该类企业的融资需要充分选择市场，利用金融市场自发机制来完成企业的融资活动。鼓励企业积极申请政策性和商业银行的科技贷款，积极寻找知识产权抵押贷款，建立中小企业集合债券。

成熟期企业经营风险减少，盈利水平提高，营运、财务、管理等制度趋于健全，企业的融资渠道拓宽，融资能力明显增强，可选择的融资方式也增多。成熟期企业，一方面，在资产质量、规模方面满足金融机构贷款的条件；另一方面，经营规模壮大，财务状况改善，开始尝试自我投资的方式。因此，应鼓励成熟期战略性新兴产业利用科技信用保险等手段丰富融资渠道，特别是培育优秀企业到创业板及中小板融资。

（三）政府引导的原则

政府在科技金融模式建设中发挥引导作用的同时，应充分调动银行、风投机构、证券公司、担保公司、行业协会、高科技园区、中介机构以及企业等各方面的积极性。

同时，需要特别强调的是，科技金融模式的创新虽然离不开政府的行政指挥，但其模式运行的主体应该让位于市场，各类社会资金的交易应坚持市场原则。主管部门在适当的政策引导基础上，尽力减少行政对市场的干预力度，以提高科技金融模式的运作效率。

（四）突出共享的原则

科技金融模式创新的目的是在各参与主体中实现资源的共享和利益的共享。因此，科技金融模式创新要以资源共享为核心，打破资源分散、封闭和垄断的状况，积极探索新的管理体制和社会资本协作共享的激励机制和良性发展的运行机制，形成资源共享、互联互动的有效运行体系。

同时，在创新模式时要进一步加快推进制定和修改有关法律、法规、规章和标准，理顺各种关系，为创新模式的运作提供法律和制度保障机制。

二、战略性新兴产业科技金融的多维模式

（一）多维模式的创新架构

基于战略性新兴产业的发展特点，科技金融的参与主体构成体系以及模式创新的原则，提出科技金融三方联动的多维发展模式，力图打破传统单一模式的局限性，为战略性新兴产业的发展提供一种全面综合的融资渠道。

三方联动的多维发展模式是政府、银行、担保方三方围绕科技金融服务平台，合作互动，即政府出台对科技支行的扶持政策，科技支行对战略性新兴产业企业提供"低门槛、低利率、高效率"贷款，专业担保公司等机构对战略性新兴产业企业实行优惠的担保措施，同时，服务平台提供间接和直接融资渠道咨询的多方位合作体系，充分分散贷款风险。

（二）多维模式的功能定位

1. 政府功能定位

政府部门应从平台、政策、担保层面，为金融科技创新提供政策支持。

一是搭建营销平台，促进银企对接。政府相关部门为科技支行搭建营销平台，集合银行、担保、保险、风险投资、产权交易等多层次的融资服务机构，建立多方合作、服务战略性新兴产业企业的长效机制。由科技部门、经信委（中小企业局）提供战略性新兴产业企业各类信息，召集银企对接会等。由各相关政府主管部门的产业政策专家、创投机构专业人员和银行组成科技项目专家评审组，对科技贷款进行专业化的评审。引导创业投资机构、风险投资机构以及其他中介服务机构加强和科技支行的资源共享和业务合作。

二是创新银行与风投机构的合作模式。银行与风险投资机构在为企业提供融资的过程中，采取了不同的融资方式，即风险投资公司的股权和商业银行的债权。由于政策上的限制，"债权＋股权"合作模式为代表的投贷联盟在具体操作上并无固定模式，政府可以出台相关政策，为科技银行和风险投资机构全面合作提供政策支持，并在合作过程中不断地磨合和创新，真正探索出一条服务于战略性新兴产业企业新的资金融通渠道，为战略性新兴产业企业的成长提供全过程的资金支持。

三是建立健全科技型中小企业信用担保体系。担保业是一个高风险的行业，代偿的风险难以避免，如果仅仅依靠微薄的保费收入很难弥补因代偿带来的损失。鉴于此，各级财政应积极应对，通过安排专项资金的方式，建立信用担保风险代偿基金，对担保公司的

代偿进行相应有补助。目前，我国一些省市已经建立了风险补偿基金，今后应在更广的范围内进行推广。

2. 银行功能定位

银行应从机制、产品、流程层面，积极投身科技金融创新实践作为资金主要供给载体的银行，应在体制创新的基础上，与政府、行业组织、其他融资机构相配合，加强对战略性新兴产业融资问题的研究，通过产品、客户、渠道和考核等方面进行创新，积极探索针对战略性新兴产业的融资新渠道，为构建全新的战略性新兴产业管理体系和融资体系做出自己应有的贡献。

一是以客户为中心，创新金融产品。考虑战略性新兴产业企业的生命周期，根据客户需求研发创新金融产品，对现有产品进行优化组合，为战略性新兴产业企业制订阶段服务方案。如战略性新兴产业企业的初创期，提供抵押业务、信用"创业一站通"，开发基金宝业务；成长期开展"科贷通"业务、应收账款质押业务、知识产权质押贷款、股权质押贷款，开发订单贷款、收入贷款等；成熟期提供"税融通""联保联贷"、法人账户透支等业务。二是创新无形资产质押融资新模式。战略性新兴产业企业由于缺乏高价值的有形资产，往往无法进行银行常规融资。但这些企业大多拥有自主知识产权或专利技术等无形资产，一旦产品投入市场具有较大的盈利空间。银行应结合当地实际情况探索和建立无形资产质押融资的有效途径。三是优化操作流程，提高操作效率。在战略性新兴产业企业融资服务平台的操作中，具有申请企业户数多、发放笔数多、贷款金额小的特点。银行应运用其独特评判标准和流程专门开辟绿色通道，有针对性地优化设计调查、审查、审批与信用业务流程，统一授信标准和管理要求，在有效把控风险的基础上尽量提高效率，真正实现战略性新兴产业企业的批量操作。四是加强与政府部门的沟通与合作，借助政府部门的行政资源，加强对战略性新兴产业企业信息的了解和收集、降低银企间的信息不对称，同时通过争取科技贷款财政贴息等方式，降低战略性新兴产业企业的违约风险。

3. 担保功能定位

担保公司应从信用评级、费率优惠、风险分散层面，优化金融科技创新体系担保公司是担保体系的重要主体，在构建金融科技创新体系中可以从以下三方面进行完善：一是要加大对科技型中小企业融资担保，通过开发适合评价战略性新兴产业企业技术、市场、资信和财务状况的科学的信用评级体系，对战略性新兴产业企业做出准确的判断；二是争取政府的保费补偿或补贴，同时降低对战略性新兴产业企业担保的担保费率；三是争取加入再担保体系，分散为战略性新兴产业企业融资的担保风险。

保险公司应从产品、客户层面，为金融科技创新提供风险防护继续推进科技保险业务，积极开发更多适合战略性新兴产业企业发展的险种，利用科技保险解决科研开发中的风险问题，为科研开发提供风险防护机制和保护体系。具体来说，一要创新保险产品，扩大和银行的合作。扩大贷款信用保证保险范围，根据战略性新兴产业企业的特点，积极开发适合战略性新兴产业企业的保险产品，建议在技术（产品）开发责任险，员工福利计划，财产保险等方面制定有关政策；二是鼓励保险公司开发出对战略性新兴产业企业针对性强的保险产品，比如，研发战略性新兴产业企业贷款保证保险，为战略性新兴产业企业向银行融资提供履约保证保险，弥补现行信用担保体制在支持战略性新兴产业企业融资方面的不足，增强银行对企业投放贷款的信心；三是和银行相互推荐客户、评价客户，共同发挥对战略性新兴产业企业进行风险管理的优势。

创投机构应从风险共担、投贷联盟层面，发挥分散信贷投资风险优势创投机构应充分发挥分散信贷投资风险的优势，建立全方位多层次的风险共担机制。可以将资金投向极具发展潜力的战略性新兴产业企业群体，以期吸收更多的社会资金，凸显创新基金的"杠杆效应"。联合银行组成投贷联盟，针对高成长性的战略性新兴产业企业，创投机构为企业筹划融资方案，与银行签订债权转让协议或股权认购配套协议，科技支行跟进对战略性新兴产业企业发放贷款，贷款如果出险，创投机构回购企业债券或股权。通过债转股贷款、期权贷款等创新金融服务产品，加大对战略性新兴产业企业的融资支持。

4. 服务平台功能定位

科技金融服务平台的功能主要包括投融资功能、引导与催化功能和综合服务功能。

（1）投融资功能

平台利用政府科技、招商、财政等部门与金融机构的密切合作关系，按照国家促进战略性新兴产业企业发展的政策，深入了解战略性新兴产业企业的资信状况、盈利能力、技术水平、市场前景和发展潜力等方面的情况，寻找优质的科技企业和科技创新项目，及时推荐给投资机构和金融机构。

投资机构和金融机构通过平台将融资业务品种介绍给企业，并根据战略性新兴产业企业的需求，创新融资服务，提供存款、贷款、结算、担保、股权投资、融资顾问等方面的服务。通过投融资平台的服务功能，实现资金需求方和提供方的"无缝对接"。

（2）引导与催化功能

科技投融资平台中的风险投资基金、中小企业担保机构和小额贷款机构优先战略性新兴产业企业，充分运用自有资金，通过参股、贷款、担保等方式支持战略性新兴产业企业。平台特别注重有针对性地在战略性新兴产业企业初创期和发展期给予资助，强化"天使投资"角色，体现科技投融资平台的引导功能。同时通过科技投融资的放大和拉动效应，使有限的科技投入发挥"四两拨千斤"作用，以激活更多的社会资本、民营资本进入科技创新领域。

（3）综合服务功能

科技金融服务平台聚集了银行、证券、保险、基金、信托等各类金融机构，有利于为企业提供全面、综合的金融服务，同时有助于金融机构之间业务的合作和综合化发展。

尽管中国金融业仍然延续着分业经营的模式，但银行、证券、保险机构之间的交叉持股和业务合作已经启动，与国际经营模式接轨已是大势所趋。科技金融服务平台可以通过自身的聚集效应推动中国金融业的综合化经营，为战略性新兴产业企业提供综合化金融服务。

三、多维模式的运作机制

多维科技金融创新模式的运作是以科技金融服务平台为核心，政府、银行、担保三方积极参与配合，为战略性新兴产业开拓融资渠道的过程。

地方政府利用自身优势，积极与相关金融机构沟通，达成金融合作协议，充分发挥政府的组织协调及监督能力，搭建科技金融服务平台，以帮助战略性新兴产业企业实现融资。该平台在相关制度培育和指导下，按要求承担或协助金融机构承担客户开发、评审、组织民主评议和贷后管理职能。通过该平台，战略性新兴产业可以快速掌握各类政府规定和政策，提出自身的发展需求，宣传自身的发展优势，与金融机构进行有效的沟通并得到融资，逐步扩大企业经营规模；金融机构可以快速掌握高新技术企业的信用信息及融资需求，结合外部信用评级结果可以更好地控制信贷风险、降低信贷成本，可以有选择地与优秀的担保公司开展合作向高新技术企业提供更合理的金融产品；各政府部门可以逐步了解战略性新兴产业的发展需求，完善、修订政策法规，为战略性新兴产业提供更好的金融支持环境。另外，还可以逐步推广并规范担保市场、信用评级市场的业务开展，逐步提高"信用"在社会中的影响力，建立良好的信用环境，打造信用社会。

该平台以信用平台为基础，投融资平台为主体，中介服务平台和信用担保平台为两翼。在此，需要特别说明一点：根据前面相关分析可知，担保公司本质上属于中介机构，但在战略性新兴产业融资过程中，担保公司经常与银行等金融机构合作，为战略性新兴产业融资提供服务。鉴于此，本文特将担保公司从中介机构中分离出来，成立专门的担保平台，与中介平台一并作为科技金融服务平台的两翼，共同为促进区域内科技与金融的有效结合而服务。投融资平台、中介服务平台和信用担保平台将融资企业及个人的信用信息反馈至信用平台，通过信用平台融资决策的民主评议和企业间较强的同行压力、群众压力的互动，增强对融资企业风险和信用硬约束、防范风险，弥补信用和制度缺陷。同时，投融资服务平台、中介服务平台和信用担保平台也可随时从信用平台获取相关企业和个人的信用信息，便于做出科学的投融资决策。由于战略性新兴产业尤其是中小企业本身存在着高投入、高风险、高收益的融资特点，担保平台的介入将有效化解银行的信贷险。通过担保比例的设定、担保机制的创新，有效规避道德风险和逆向选择的发生。投融资平台与信用担保平台的有机结合，将充分调动银行、担保公司、融资企业的积极性，疏通融资的渠道。同时，资产评估机构、投资管理咨询公司、会计事务所和律师事务所等中介机构的介入，对于金融市场支持高新技术企业也具有积极的推动作用。

第四节　战略性新兴产业科技金融的发展策略

一、宏观发展策略

（一）开拓科技发展的融资途径

一是适当发行科技债券，积聚社会闲散资金，以此来扩大对战略性新兴产业的投资，缓解和释放科技信贷投放过度集中的压力与风险。二是建立专项科技发展基金，解决战略性新兴产业创新发展的资金需求问题。借鉴和采用国外"基金的基金"的方式，通过政府的有限资金吸收社会资金，共同组建专业投资机构。选择专业管理团队负责投资运作，重点投资科技成果产业化项目及科技中小企业，实现政府资金在支持科技创新和产业化过程的示范和放大效应。三是加快发展保险业，增强和扩大保险对科技创新的渗透力与覆盖面。积极拓展科技创新的保险范围与险种，提高科技创新的保险份额，充分发挥现代保险业在科技创新中的经济补偿和资金融通功能。四是完善科技金融市场。通过整合地方性商业金融机构及其金融资源，组建地方性的科技创新专业银行，并且带动融资担保机构、资产评估机构、金融租赁和信托公司、法律和会计事务所等中介服务组织的发展。

（二）完善中介服务功能，提高中介机构服务水平

一方面，优化战略性新兴产业科技金融环境，完善中介服务体系建设，建立并培育科学权威的科技成果鉴定、评估、定价、监管等方面的中介机构，加强科技中介机构的服务能力；另一方面，完善征信体系建设，建立战略性新兴产业的无形资产评估体系，加快培育技术产权交易市场，建立全国性技术产权交易所联盟，提高科技成果的市场化水平，最终形成一支懂科技、懂金融、懂管理的复合型人才队伍。

（三）加强科技创新的金融风险监测与调控

一是通过合理的税率调控加大对技术改造与保护环境的资金投入，同时不断优化金融机构的信贷资金结构，实现科技与金融的良性互动协调发展。二是建立有关战略性新兴产业科技金融的监测制度，加强风险监控。加强对战略性新兴产业的景气分析，密切关注和监测科技发展中潜在的行业性风险和信贷风险，及时提示金融机构调整信贷投向和信贷规模，加强风险防范。金融机构要坚持审慎原则，密切关注科技产业的运行趋势及其景气变化，加强信贷管理与风险控制。

二、微观发展策略

（一）进一步完善以银行信贷为主的资金来源渠道

首先，加快银行科技贷款经营机制的转换。根据总量控制的原则，把优胜劣汰的竞争机制运用到科技贷款的管理中。对企业申报的贷款项目，经科学评估论证后，选择技术起点高、经济效益好、符合国家产业政策的项目给予优先支持。其次，运用利率机制调节战略性新兴产业科技贷款的供求关系。按照科技贷款使用期限的长短，合理拉开利率档次，使投资期限短的科技贷款项目承担较低的利率费用。再次，在信贷政策上向战略性新兴产业倾斜。鼓励和支持银行对战略性新兴产业贷款实行财政贴息政策；政策银行要降低对战略性新兴产业的贷款最低资金限制，简化贷款审批环节和手续；商业银行要扩大对战略性新兴产业的贷款规模，同时探索多种贷款抵押担保形式。最后，积极推进科技贷款项目管理方式的多样化，创新管理方式。一方面，积极推动科技贷款的承包制管理，通过招标承包的方式，把科技贷款项目的经营管理机制同科技项目负责人的责权利机制有效地结合起来，从而保证其按期发挥效益。另一方面，加大财务监督力度，由银行对战略性新兴产业的科技贷款的使用过程实施的监督和管理。另外，应该实行战略性新兴产业科技项目经理负责制，使科技贷款项目的所有权与经营权分离的管理办法，从而避免人为因素所导致的科技贷款项目的失误。

（二）创新多种金融政策和金融工具支持战略性新兴产业的产业化进程

战略性新兴产业发展的不同阶段具有不同的风险特征和资金需求特征，因此，需要建立健全一整套支持创新的天使投资、风险投资、股票市场、垃圾债券市场、收购市场、再担保基金、创业投资母基金、知识产权法律、狙击型知识产权诉讼等环环相扣、有机协同的投融资机制。第一，大力发展培育战略性新兴产业信用评估、知识产权评估方面的科技服务业。第二，建立科技型企业融资联合担保平台，积极引导金融机构创新科技金融服务，建立适应科技型中小企业融资特点的信贷体系和保险、担保联动机制，促进知识产权、无形资产质押贷款等金融创新。第三，积极推进各地区推出场外交易市场，加快建设全国性的 OTC 市场体系。第四，规范政府引导基金的政策定位和运作模式，积极培育天使投资。第五，建设适应新形势要求的创业风险投资机制。淡化国有创投年度增值保值考核要求，优化国有创投投资和资产转让制度，健全国有创投决策机制和激励机制，制定以自主创新为目标的国有创业投资机构评价、考核和管理办法，从源头上建立起符合战略性新兴产业和创业投资企业发展规律的政策性保障体系。第六，大力培养既懂技术，又懂金融，具有国际视野的复合型人才，完善科技金融服务的人才队伍建设。

（三）建立全国科技金融服务平台，搭建桥梁共促科技成果转化

科技金融工作涉及面广，市场化程度高，涉及的行业和部门多，需要创新的体制机

制内容多，科技成果、科技经费等资源需要进行专门管理，科技企业、项目与金融机构的对接需要专门的机构进行落实。建议建立全国范围的战略性新兴产业科技金融服务平台，以平台为纽带和工具，搭建起政府与各类投融资机构紧密联系、集成各类投融资机构构建科技型企业投融资服务网络的枢纽。一方面聚集科技、金融、财税、企业资源，打开促进科技成果转化的政策和操作空间；另一方面实现科技部门的专家信息、成果信息、银行金融机构拥有的信用信息、信贷信息、效益信息等资源的共用共享，降低企业融资过程中的信息不对称现象。

（四）设立国家层面的引导基金，以金融资本促进科技成果转化

建议设立国家科技成果转化引导基金，引导金融资本、社会资本向国家科技计划形成的成果聚集；建立风险补偿制度，使政府资金、金融资本、社会资本形成合力共同支持国家科技成果的产业化过程；采取激励措施，培育一批参与科技成果转化的专业化管理团队。此外，设立培育战略性新兴产业的专项基金，对于符合国家自主创新战略的产业进行重点支持，发挥科技金融支持科技成果转化的集中优势。

第六章 互联网金融与中小企业融资模式创新

第一节 互联网金融与中小企业融资的理论基础

一、中小企业融资渠道

（一）中小企业融资渠道理论

从企业资金需求的视角分析，内源融资是指企业内部生产经营活动产生的利润留成及计提的折旧。外源融资指企业通过外部渠道筹集资金的方式。融资渠道按照不同的分类标准划分为不同的类别。从企业角度，可分为内源融资和外源融资。从资金供求关系角度，可分为直接融资和间接融资。从资金的所有权角度，可分为债权融资和股权融资。企业融资渠道随着经济的发展，企业成长周期而变化。一般来说，企业的融资渠道遵循"优序理论"，先内源融资，后外源融资，最终达到较为复杂的融资渠道阶段。就我国而言，中小企业融资渠道随着融资和投资体制改革历经了财政划拨、金融机构借贷和复杂化、多元化的融资渠道阶段。

（二）影响我国中小企业融资渠道的主要因素

影响我国中小企业融资渠道的因素是多方面的。外部条件因素有政策法律因素、制度因素、金融机构因素、资本市场因素、宏观经济环境以及行业因素等。从中小企业自身内部因素有内部控制、企业发展阶段、自身信用、规模因素、盈利能力、非债务性避税等。现将从资金的供求视角分析影响我国中小企业融资渠道的最主要因素。

1. 资金供给方面

（1）资金供给者对信贷市场的干预

信贷市场与其他市场一样具有资源的有效配置和产出效率。

从产出效率的角度，通常情况下放贷人是按照交易成本和风险溢价来收取利息，只有当利息能补偿交易成本和风险溢价才能为其放款。由于我国中小企业处于市场的末端，交易成本和风险溢价相对较高，放贷人对其贷款的机会成本高，只有提高利息或要求提供抵押来均衡机会成本，也就是说高利率主要是由于高机会成本而不是高违约率。再加上中小企业分布范围广而比较分散，不存在规模报酬，所以对中小企业融资的利率居高不下，贷款也难以收回其固定成本。放贷成本不是贷款本息全部损失形成的，而是收回贷款付出的时间、人力等附加成本。

从资源配置的角度，公平分配与资源配置呈负相关性，资源的有限性会造成市场分配的资源的不平等，这种不平等带有歧视性。信贷市场也同样存在不平等，信贷资源配置对中小企业也存在歧视。

（2）代理问题

代理问题在现实生活中无处不在，信贷市场也存在代理问题。如何处理放款人（委托人）与中小企业（代理人）之间的关系是关键。放款人对中小企业的贷款存在三个主要问题：首先，贷款前对中小企业的情况了解少；其次，贷款发放后对中小企业资金的使用监控难或有滞后性；最后，贷款的投资回报难以预测。因此，传统商业银行对中小企业的代理问题更加突出。对中小企业贷款存在有限责任、逆向选择和道德风险。

有限责任的产生是因为借贷双方信息的不对称形成的。因为传统银行无法完全了解中小企业的信息，而中小企业也对没有往来的银行缺乏忠诚度。为了解决资金供需矛盾，银行只有要求中小企业提供抵押，否则不放贷。

道德风险是因贷款人对中小企业（借款人）的行为不可观察而形成的。一方面对放贷前中小企业的行为了解较少，如管理水平、员工的积极性、项目投资的风险等，即称为事前道德风险；另一方面放款后的收益无法准确预测，即事后道德风险。

2. 资金需求方面

从中小企业自身方面，影响中小企业融资渠道的选择是多方面的，其主要因素有优序融资理论、自身实力、抵押担保、融资成本。

（1）优序融资理论

中小企业融资具有"短、频、快、急、小"的特点，因传统金融机构贷款流程复杂、时间长、门槛高，中小企业通常首先进行内源融资，然后选择债权融资，最后才通过股权融资，符合"优序融资理论"。

（2）中小企业自身实力

国内很多学者对中小企业融资的影响因素进行实证研究表明，中小企业资产规模、盈利能力、内部积累等对中小企业融资有很强的相关性。

（3）融资成本

中小企业融资成本也是影响中小企业融资的主要因素之一，据人民银行统计数据显示，我国中小企业融资成本高于全国平均融资成本 3.7 个百分点。

（4）抵押担保

我国中小企业大多数缺少抵押品，担保公司体系不健全且担保费用高，严重影响了中小企业的融资。

（三）当前我国中小企业的主要融资渠道

1. 中小企业基本融资渠道类型

总的来说，现阶段中小企业基本融资渠道分为内源融资和外源融资两类。其中，内源融资包括折旧和盈余留存；外源融资从资金供求关系分为直接融资和间接融资。直接融资由发行股票、风险投资、债券融资、商业信用和外资构成；间接融资由银行金融机构和非银行金融组成。外源融资按资金市场来源分为债权融资和股权融资。在外源融资中除发行股票和风险投资属于股权融资外，其他都属于债权融资。然而，互联网金融产生后，为中小企业拓宽了新的融资渠道，即中小企业互联网融资渠道，主要有网络小额信用贷款、网络借贷和众筹融资三种渠道。按资金市场来源划分，网络小额信用贷款、网络借贷属于债权融资，众筹融资属于股权融资。

2. 当前我国中小企业融资渠道

当前我国中小企业融资主要通过银行业金融机构、金融市场、非银行业金融机构、其他融资渠道。我国中小企业最主要的融资渠道是银行业金融机构，其次是小额贷款公司、融资租赁与股市融资，其他渠道融资微乎其微，呈现债权融资为主，股权融资为补充的融资格局。然而，随着互联网金融的兴起，我国中小企业的融资渠道发生了微小的变化。互联网技术的快速发展加速了金融业的变革与创新，金融产品服务越来越广，金融安全性越来越高，人们获取金融服务越来越便捷、高效，金融一体化进程越来越快。但是金融互联网化始终摆脱不了传统金融的体制束缚，只是在服务渠道和手段上进行了创新，金融媒介的功能并未实质性改变，金融资源的分配不均并没有因为金融互联网化而改变，只是利用互联网技术降低了交易成本，方便了已进入金融服务领域的客户，增进了金融服务的质量，金融缺口和信贷配给依然存在，中小企业、城乡金融市场、农村金融市场金融资源的供给严重不足依然没有改变，闲散碎片化的资金没有得到均衡收益、金融的普惠性没有根本性的改变。

进入 21 世纪，互联网不再只是作为传统金融机构提供金融产品服务的渠道和手段，而是将自身具有的"开放、平等、协作、分享"的精神运用于金融行业，尤其是第三方支付、大数据、云计算、搜索引擎和社交网络的运用，对传统金融业的创新产生巨大的震动。以第三方支付、网络金融、电商网络小额借贷、众筹融资、虚拟货币为主要模式的互联网金融的诞生使金融业发生了"基因式"的质变。特别是近两年来涌现出了许多互联网金融企业，互联网金融已经成为新兴的金融业态推动着金融的发展与创新。随着互联网金融的快速发展，中小企业的融资结构与模式将在互联网金融的推动下不断创新，未来中小企业现有的融资结构与模式格局将会被打破，中小企业融资难与融资贵的问题会进一步得到解决。

二、金融中介与金融发展创新理论

（一）金融中介理论

金融中介，就是指在金融市场上资金融通过程中，在资金供求者之间起媒介或桥梁作用的人或机构。

从金融中介理论的发展历程看，金融中介理论是伴随着金融业的蓬勃发展、不断变革而不断健全、完善的，现已经形成较为完善的理论体系，对我国金融理论的发展和我国金融体系的改革具有重要的指导意义，但随着我国金融业自身的变革，在实践中金融中介理论已面临极大的挑战，特别是互联网金融的迅猛发展。

互联网金融与传统金融有很大的不同，其最为显著的特点是金融中介转向信息中介即去金融中介化和信息、资金、生产、流通等新型的产融融合。互联网金融的主要模式网络借贷、众筹融资由典型的金融中介转变成信息中介。我国另一类互联网金融模式电商小额信用贷款是具有代表性的新型产融融合。金融中介存在的核心在于资金供需双方交易成本最小化，当一种新兴金融业态（资金供需双方交易成本最低）优于另一种金融业态，新兴金融业态就会持续发展，旧的金融业态就会被扬弃甚至于消亡，下面将从两方面对互联网金融进行去金融中介化分析。

1. 互联网金融的交易成本及其去金融中介化

金融中介存在的必要条件是金融产品供需双方的信息不对称和规模经济效应。金融机构在提供金融服务时具有专业性，在处理信息不对称方面有专业的人才队伍，对解决资金供需双方信息不对称具有比较优势，因此，金融中介在降低交易成本中发挥重要作用。但是提供金融服务产品是需要投入巨大固定成本的，只有专业的金融机构来提供金融服务产品才能使边际成本相对较低，金融服务更经济。然而互联网金融去金融中介化有三方面的优势：首先互联网金融利用大数据、云计算、搜索引擎等先进技术进行交易，具有强大的信息传递和信息处理能力；其次互联网金融搜寻的信息是主动获取而非金融需求方被动提供，如消费者的日常行为信息、网络平台交易信息等；最后互联网金融具有专业的投资者，如众筹融资中的领投人、跟投人等。

2. 电商网络小额借贷及其产融融合

电商网络小额借贷是互联网金融主要模式之一，该模式是实体经济与金融的产融融合，实体经济企业用自有资金通过其电商平台为平台上的优质企业提供小额信用贷款。在我国阿里巴巴电商网络小额借贷是典型的产融融合，阿里巴巴从支付宝发展到余额宝，再从余额宝发展成电商网络信用贷款是实体企业向金融领域拓展的一次飞跃。电商网络小额借贷其实质是利用互联网技术为实体电商提供的信息传递优势从事金融服务。如淘宝、天猫等网站利用互联网发展了成千上万的无实体商店的商业企业，这些电商企业积累了平台客户的诸多信息，如企业生产经营、盈利水平、现金流等方面的信息。电商企业利用平台信息形成的大数据通过云计算、特定模型等进行专业分析，精准地对客户的信用等级进行评定，有利于为电商平台为平台企业提供小额信用贷款提供参考依据。可以说，互联网带来的信息传递和信息搜索优势为产融融合提供了基础。

（二）金融发展创新理论

最初的金融发展理论是在戈德史密斯的金融结构理论基础上发展起来的。随后金融发展理论经历了传统金融发展理论、新制度金融发展理论、内生金融发展理论、金融可持续发展理论和金融创新发展理论几个阶段，互联网金融正处在金融创新发展理论阶段，是金融创新的新兴金融业态。金融发展及创新理论是建立在经济发展基础之上的，主要研究金融在经济增长中的贡献以及服务实体经济的功能。在经济"新常态"下必然要求金融"新常态"与之相适应，传统金融变革的新兴金融业态——互联网金融，就是其金融发展及创新的结果。

互联网金融从诞生起就展现出新的生命力，其发展之迅速一直引起人们的关注，对互联网金融的争论也是见仁见智，有的学者认为互联网金融是传统金融的翻版，只是利用互联网作为手段，并没有实质性的改变；有的学者认为互联网金融是新生事物，成为独立的金融业态取代传统金融；还有的学者认为互联网金融与传统金融是互补关系，共荣共生。不管对互联网金融的发展如何评价，但都存在以下不争的事实：第一，互联网金融在欧美主要经济体发展较为稳健；第二，互联网金融发展迅猛的国家有很多是经济金融发展相对落后的国家，近年来，互联网金融发展最快的国家是中国而不是其他国家，第三方移动支付最快速的国家是肯尼亚；第三，互联网金融的飞速发展加速了传统金融的"脱媒"。

产生这些现象的深层次原因是互联网金融新业态的"后发优势"，从金融的需求角度看，由于我国传统金融长期以来在计划经济体制下具有垄断地位，实体经济对金融服务的需求是供不应求，随着社会主义市场经济的快速推进，金融市场化进一步加快，实体经济对金融的个性化、多元化需求不断加深，实体经济日益增长的金融服务需要同传统落后的金融服务供给不相适应，于是新的金融体系就会形成，互联网金融就是这种新的金融模式，具有"后发优势"。

互联网金融创新是其快速发展的生命力，它从诞生之日起就充分利用互联网技术来提高信息传递的效率，降低信息交易成本，方便人们的生活。首先，它通过快速的信息交换就能匹配投资者和借款者，大大提高了工作效率，无须像传统银行一样要通过客户经理对借款人进行详细的调查，专业部门人员进行审批、发放和收回等繁杂的流程，银行从客户申请到贷款发放平均周期在一个月左右，互联网金融融资平均周期仅仅几个小时。其次，互联网金融的创新还表现在不受时空的限制，直接与广大偏远地区的"长尾"客户进行金融产品服务交易，具有普惠性，并且不需要交易主体之间当面交易，减少了传统银行的信贷配给。最后，互联网金融的创新还体现在互联网中信息处理能力形成的声誉效应，它为人们提供了无限的创新空间。

互联网金融发展至今已经历了复杂的变化过程，从一个"无监管、无自律组织、无门槛"的三无状态，逐步形成"有监管、有准入、有行业自律组织"的有序组织体系，得到了政府、社会、监管部门的认可，为互联网金融的"后发赶超"提供了组织保障和社会基础，互联网金融只要遵循市场规则健康有序发展，就能使"后发优势"充分发挥，推动着传统金融发生"基因式"的变革。

第二节　网络小额信用贷款与中小企业融资

一、网络小额信用贷款与中小企业融资行为

从以往对中小企业融资的研究表明，中小企业融资难、融资贵的原因是金融机构与中小企业之间信息不对称而导致逆向选择和道德风险。中小企业融资的行为主体包括投资人、金融（信息）中介和中小企业，对中小企业融资来说，行为主体间起决定作用的是金融机构或电商平台，因为金融机构或电商平台承担着资金交易的全部风险。因此，从金融机构和电商平台对中小企业融资的交易行为着手，研究网络小额信用贷款与中小企业融资是解决问题的关键。

（一）基础理论与理论模型

1. 理论基础

前面对相关企业融资的文献进行综述发现，一方面信息不对称导致的逆向选择和道德风险是银行对中小企业融资信贷配给的根本原因；另一方面银行对抵押品的要求同样成为信贷配给的内生机制，同样产生逆向选择，从而减少银行的期望收益。

2. 理论模型

逆向选择模型主要是研究由于信息不对称，金融机构为了规避信贷风险而采取高利率来补偿信贷风险带来的损失，把优质借款人排除在贷款支持之外，导致整个信贷市场失灵的行为。

（二）网络小额信用贷款融资模型

根据金融机构对中小企业融资的信息经济学模型，同样建立网络小额信用贷款对中

小企业融资的"逆向选择模型、事前道德风险模型和事后道德风险模型"。

1. 逆向选择模型的研究

由于在网络小额信用贷款条件下,不存在额外负担的成本,与金融机构相比,单位资金成本会大幅下降,即 c 值减少。若中小企业全部是稳健型的,$r = c$,此时 r 的下降会降低中小企业的成本,有更多的中小企业得到融资服务。

此外,电商平台能为中小企业网络小额信用贷款提供比较准确、完整、及时的信息,让投资人能够准确判断中小企业是稳健型还是风险型,信息不对称的问题就不复存在,能够进入融资门槛的中小企业都能获得网络小额信用贷款服务。

2. 事前道德风险模型研究

由于电商平台在中小企业违约时,会采取停止与中小企业合作,关闭其电商业务;在平台上曝光其信用,破坏其声誉;必要时通过法律途径来维护债权,这样会增加中小企业的违约成本,令该违约成本为 M,则与金融机构相比,中小企业违约成本 M 要高,一方面金融机构与中小企业没有实体合作,金融机构停止对中小企业合作对中小企业影响不大,中小企业对金融机构的违约成本比对电商的违约成本要低得多,金融机构对中小企业融资容易产生道德风险。另一方面金融机构对中小企业的信用曝光比电商平台对中小企业的信用曝光成本高,且影响范围小,对中小企业声誉破坏不大和违约成本低。此外,我国现行的法律体系下,金融债券执行难,金融机构诉诸法律来维护债权成本高,通常金融机构不会轻易诉诸法律。为降低中小企业的道德风险,金融机构一般通过抵押的方式来增加中小企业的违约成本 M。因此,使中小企业努力经营的条件应当满足:

$$\pi - R - C > p(\pi - R) - (1-p)M \qquad (6\text{-}1)$$

则有:

$$R < \pi + M + \frac{C}{1-p} \qquad (6\text{-}2)$$

由于违约成本,该 R 值要高于没有违约成本时的 R 的最大值。若 $C<M$,则网络小额信用贷款可设计一个合理的利率。

3. 事后道德风险模型研究

由于存在违约成本,与金融机构相比,网络小额信用贷款对中小企业融资的约束条件为 $R<SM$。因此,中小企业融资得以实现。

倘若中小企业加强与电商合作,将其信息公开、透明地反应在电商平台,就越容易得到网络小额信用贷款支持,中小企业融资难、融资贵的问题将得到解决。

通过对网络小额信用贷款与中小企业融资的交易行为进行研究,电商平台上的中小企业经过交易记录下了诸如经营情况、财务信息、销售信息以及资金往来信息等，为网络小额信用贷款提供了"草根"征信系统的便利，有效解决了电商平台上的中小企业融资因信息不对称而产生的逆向选择和道德风险，网络小额信用贷款为更多的中小企业提供了融资服务，有力支持了实体经济的发展，成为中小企业融资模式创新的互联网金融模式之一。

（1）大力发展电子商务

电子商务的繁荣为我国经济增长注入了新活力，特别是在国内经济进入"新常态"时期，中小企业应加强与电商企业合作，生产适合电商准入的特色化、多样化、个性化的产品，通过电商平台宣传、销售、交易等，不但能够促进产品的销售，而且还能获得电商小额信用贷款提供方便、快捷、灵活、廉价的融资服务。

（2）提高中小企业失信的违约成本

如果中小企业恶意逃债，电商企业将该中小企业进入平台黑名单，并在网络上公布，让违约中小企业的信用、声誉受到严重影响，必要时禁止与其业务往来，甚至诉诸法律，增加借款中小企业的违约成本，有效解决中小企业融资的道德问题。

（3）增强电商企业的自身实力

网络小额信用贷款为中小企业融资提供了新的模式，只有电商企业有足够的资金实力，才能为平台上的中小企业提供更多融资服务，如果资金短缺，再好的融资模式都将是天方夜谭，不能解决我国成千上万的中小企业融资的实际问题。

二、网络小额信用贷款与传统银行对中小企业融资比较

网络小额信用贷款采取"电商＋小贷"模式为电商平台上的中小企业提供信用贷款已得到人们普遍认可，以阿里巴巴、百度为代表的 B2B 平台成功为电商平台上的中小企业进行融资，开创了互联网金融网络小额信用贷款的先河，近几年来，在传统金融机构遇到金融"脱媒"，利率市场化导致利息差收窄，中间业务增长乏力，收入和利润来源空间缩小，信贷风险显现的大背景下，而网络小额信用贷款呈几何级数地增长。这种新的增长动力内因何在？与传统金融相比，归纳起来网络小额信用贷款对中小企业融资有其自身的比较优势和弱势。

（一）网络小额信用贷款的优势

1. 信息层面

除了"硬信息"的获取渠道与传统金融机构相同外，还具有获取电商平台自身记录的历史信息、社交网络活动产生的信息等"软信息"的渠道，被人们称为"草根"征信系统。

2. 交易成本层面

网络小额信用贷款需要的员工较少，不需要实体网点，具有大数据信息技术和计算机网络技术，能大大降低除利息成本外的其他放款成本。如阿里巴巴网络小额信用贷款平均单笔放款成本只需 2.3 元，传统金融机构则需 2000 元左右。同时节约大量时间成本，网络小额信用贷款放款最少仅需 3 分钟，而传统金融机构最少则需几个工作日。

3. 平台层面

平台多年来积累了大批中小企业，仅阿里巴巴电商平台就积累了近 1000 万户中小企业，约占全国中小企业的五分之一，同时，百度用户规模也达到 5 亿之多。而传统金融机构积累的是大企业、大行业、大客户和个人客户，中小企业客户占比少。平台既可为中小企业融资提供担保，又能为资金的运营实时监控，还能为投资人与中小企业之间提供信息中介，而传统金融机构则没有这些服务。

4. 操作层面

网络小额信用贷款整个贷款过程实行全流程无纸化、网络化、系统化以及信息处理科技化等，手续简便，流水作业，能够满足中小企业急需资金。而传统金融机构放款流程长，线下手工操作后，还须录入操作系统，重复工作，待资金到位前，中小企业已经错失良机，潜在损失巨大。

5. 信贷产品层面

网络小额信用贷款提供信用贷款、订单贷款以及贸易融资等有个性、有特色、多样化，同时能满足中小企业融资需求的信贷产品，而传统金融机构只提供抵押贷款，甚至于有抵押也不能为中小企业提供融资，大部分中小企业用于抵押担保的资产少，无法达到传统金融机构的信贷准入门槛。

6. 信贷风险层面

电商平台多层次的网络小额信用贷款风险识别、预警、处置和管理体系，实现中小企业贷款风险全流程控制。如阿里巴巴得用支付宝、阿里云等科技手段，实时控制着中小企业的交易行为和资金流，随时随地实施信贷风险预警，实现贷中风险控制；与此同时，阿里巴巴通过互联网技术，对中小企业贷款后的资金使用、经营状况、产品销售、资金往来以及企业行为等，发现任何影响正常履行还款的信息，信息系统会自动预警提示。同时阿里巴巴有自己的清收不良贷款团队和三家外部催收不良贷款公司随时上门清收，对恶意拖欠贷款的中小企业公开在平台网络曝光，禁止与其业务合作，必要时诉诸法律等，增加失信中小企业的违约成本，最大限度控制信贷风险。经过多种手段控制信贷风险，阿里巴巴网络小额信用贷款不良率控制 1% 以下。而传统金融机构大多采取线下清收，处理抵押品，不能做到适时预警，信贷风险控制具有时滞性。

7.乘数效应

电商平台为中小企业提供贷款后，中小企业将资金用于向电商企业购货、扩大生产和增加商品库存，增加电商企业的购买力，电商企业获取利润和贷款到期收回后，继续用于对中小企业提供网络小额信用贷款，具有产融融合的乘数效应，同时还具有不受法定存款准备金的限制，乘数效应越来越强。而传统金融机构只有贷款收回后的乘数效应且受法定存款准备金的限制，而乘数效应越来越弱。

8.客户层面

电商平台中小企业具有很强的黏性，电商网络小额信用贷款除解决其中小企业融资，促进中小企业持续发展外，还可以通过提供金融产品服务将中小企业黏在自己的平台，成为自己长期合作的忠诚客户。与此同时，这些忠诚的客户还会介绍新的中小企业加入电商企业进行长期合作，扩大电商企业的销售规模，壮大具有黏度的电商网络小额信用贷款客户群体。而传统金融机构除了提供金融服务外，没有实体黏性功能。此外，电商平台中小企业不受区域限制，我国所有的中小企业都可以成为平台客户；而传统金融机构只能在自己的区域范围内为中小企业提供融资服务。

（二）网络小额信用贷款对中小企业融资的发展趋势

网络小额信用贷款为中小企业融资提供了新的渠道，阿里巴巴网络小额信用贷款率先抢占了市场，依靠其他产业积累的交易记录形成的大数据为中小企业提供信贷服务。之后，百度、苏宁等电商企业也相继发展电商业务，网络小额信用贷款在各自平台发挥比较优势，实现了中小企业多元化融资。网络小额信用贷款未来将呈现如下发展趋势：

1.网络小额信用贷款将成为中小企业融资的主要融资方式

虽然现阶段网络小额信用贷款还存在政策不清，资金供给不足，内外部风险隐患等，但是网络小额信用贷款经过长期的发展，这些问题都能够解决。首先，多渠道获取融资资金。第一，通过电商企业业务的壮大，资金不断积累，形成资金池；第二，电商企业提供担保，从银行或资本市场获取资金；第三，向投资人募集资金；第四，电商企业获取银行牌照，向公众吸收存款。其次，国家互联网金融政策将出台。随着中央对互联网金融的重视，相关监管部门正在研究相关政策，各地方政府出台支持互联网金融的发展意见，互联网金融自身行业自律公约已经初步形成等。最后，电商企业的繁荣会加大安全设施的投入力度。电商平台网络技术越来越完善，灾备中心相继成立，管理手段先进，信贷风险的控制措施越来越健全等。电商网络小额信用贷款将规范化持续发展，将成为未来中小企业融资的主流。

2.实现产融融合

随着电商的快速发展，网络小额信用贷款将成为其资金流，促进商品流、信息流和物流的飞速发展。电商企业取得银行牌照，将信息流、资金流作为网络小额信用贷款的主要资产，高效、便捷、灵活性以及低成本为中小企业提供融资。中小企业获得融资后加快商品流、信息流和物流的聚集，形成一个资金流、商品流、信息流和物流的闭环生态圈，对平台上的中小企业提供全方位，一站式服务，提高中小企业的黏度，让中小企业成为电商企业的主要客户群。

3. 大企业将加入电商网络小额信用贷款行业，竞争加剧

网络小额信用贷款核心基础是大数据，电信、移动公司、金融、保险等服务行业掌握巨大的数据库，为了拓展自身业务，它们将加强部署自己的电商平台，充分利用自己掌握的数据优势，分析客户行为，增强客户黏度，进军网络小额信用贷款行业。或通过与大电商企业合作，共同利用各自优势，加快网络小额信用贷款对中小企业融资的步伐。

俗话说，得数据者得天下，阿里巴巴、百度、苏宁等公司已经收集了大量用户的习惯和消费者行为数据，这些日常生活行为、商品交易行为等方面的大数据是电信、移动公司、金融、保险等企业不可或缺的，它们具有天然的优势。在未来，大企业加入网络小额信用贷款行业，形成产融融合，竞争过后形成垄断的网络小额信用贷款市场，中小企业融资不再是困难，而是电商企业网络小额信用贷款的主要客户来源，是电商网络小额信用贷款行业利润的主力军。

4. 中小企业将加快转型，提高产品的技术含量，增加产品附加值

由于电商企业要求商家提供科技含量高，具有特色化、个性化、多样化的产品，为了加强与电商企业在商品、资金、信息和物流方面的合作，促进商品销售、获得网络小额信用贷款融资支持，中小企业不得不加快转型，提高产品的技术含量，增加产品附加值。同时中小企业也应该加强内部管理，完善财务制度，规范信息披露，树立良好的信用，只有在电商平台不断增信，提高自己的评级分数，才能得到网络小额信用贷款的大力支持，解决中小企业融资难、融资贵的问题。

第三节　实施中小企业互联网融资创新模式的政策建议

一、促进互联网金融自身发展的政策建议

互联网金融对中小企业融资必须适应中小企业的发展创新，在网络经济下中小企业的组织结构不断创新，正朝着扁平化、柔性化、虚拟化和网络化方向发展。因此，加快互联网金融融资模式创新步伐，促进自身持续健康发展。

（一）建立多样化的互联网金融融资模式，满足中小企业特色化的融资需求

1.构建"电商+P2B"网络借贷的互联网金融新模式

通过对网络小额信用贷款与中小企业融资研究表明，网络小额信用贷款凭借自身网络平台上中小企业优势，依靠中小企业日常经营、交易的历史数据和财务信息，结合现代化的风险管理技术，为其平台上的中小企业提供信用贷款，能够有效解决中小企业融资中信息不对称而导致的逆向选择和道德风险问题，为平台中小企业疏通了融资通道，提供了新的融资渠道和路径，纾解了中小企业融资难、融资贵的困境。但同时也表明，网络小额信用贷款因受资金来源的限制，而无法满足平台中小企业巨大的融资需求，中小企业融资约束问题没有根本解决。充分发挥网络小额信用贷款与网络借贷优势互补，扬长避短，构建"电商+P2B"网络借贷的互联网金融新模式，进一步驱动互联网金融与中小企业融资模式创新，更好地解决中小企业融资难、融资贵的问题。

（1）健全"电商+P2B"网络借贷的信用评价与风险控制体系

首先，充分利用电商平台积累的中小企业历史数据库资源，通过大数据、云计算和搜索引擎先进技术对中小企业进行授信评级、贷款审查审批等，并将符合贷款条件的中小企业发布到平台竞标。其次，小额贷款公司、金融机构、企业法人以及自然人等投资人进行投标，并将投资资金存入第三方托管账户，平台本身不设资金池。再次，在规定的期限内达到最低融资限额，电商平台将资金一次性划入该中小企业专用存款账户，若规定时间内未达到最低融资额，则该轮融资失败，电商平台将投资资金退还投资人。最后，贷款发放后，电商平台对融资企业的资金用途、产品销售、经营状况、财务信息以及资金交易等进行实时监控，一旦发生异常情况随时预警，根据预警级别分别采取相应措施控制信贷风险，确保按时收回贷款，平台不承担风险、不承担贷款担保和偿还义务。

（2）完善"电商+P2B"网络借贷组织架构

建立由电商平台、投资者和中小企业共同参与的中小企业融资组织架构，完善中小企业信息数据库，实现资金供需双方的快速匹配，有效解决中小企业"短、频、快、急"的融资需求。

2.大力发展股权众筹，使股权众筹成为中小企业创业筹资的关键点

通过众筹与中小企业融资的理论分析与行为研究，结果表明众筹融资能够提高信息的传递效率，降低信息搜寻成本，实现中小企业融资从金融中介向信息中介的转变。同时，投资者与中小企业之间有相同的激励机制，满足激励相容的相关条件，投资者愿意为中小企业创意项目提供融资。然而，在我国大多数众筹是为创意项目进行融资，筹资人大部分是自然人或合伙人而非中小企业。即使部分众筹平台的筹资人为中小企业，也只是对其中的一个创意项目进行投资，筹集的资金必须用于该项目，不能用于中小企业的日常流动资金、固定资产等综合融资需求。另外，发起人给予的回报是产品或提供服务而非现金

和股份，对投资者并不一定有吸引力。再加上众筹是帮助中小企业创意项目筹集资金，是一种事前募资，而不能帮助融资后的创意项目的成长，有可能造成项目成长期资金短缺而投资失败。当前，我国股权众筹呈现"优质项目、估值定价难、建立信任久、退出周期长"的困难。因此，大力发展股权众筹融资模式，发挥股权众筹融资作为多层次资本市场有机组成部分的作用，更好服务创新创业企业。

（二）加大互联网融资模式创新平台科技投入，有效防范科技风险

1.互联网融资平台的科技风险

互联网融资平台是一个具有互联网"开放、虚拟、协作、共享"精神的平台，风险传播快、涉及范围广。互联网在我国的广泛应用时间短，核心器件、应用软件、域名、IP地址等关键资源和基础设施落后，人们网络安全意识不强，网络安全保障机制不完善，网络安全形势十分严峻。一方面网络病毒、黑客攻击、网络欺诈盛行，各种病毒翻新演化、篡改网站、攻击服务器以及制造虚假金融网址等破坏活动层出不穷；另一方面互联网金融企业大多规模小，网络安全防护投入严重不足，科技专业人才匮乏，密钥管理、数据备份不到位，相当多的互联网金融企业没有灾备中心。信息技术风险一旦发生，将导致互联网金融企业网络系统瘫痪和信息外泄，使互联网金融企业蒙受巨大的经济损失，其后果不堪设想。

互联网金融利用大数据、云计算和搜索引擎等新兴技术进行数据分析和处理，由于金融数据是通过内部存储、防护、加密后传入云计算服务商托管，利用共享虚拟机进行逻辑隔离服务，极易被内部人员盗用。同时大数据资源被周而复始地利用和分配，如果数据处理不彻底，极易被其他用户还原使用。

我国互联网金融是个"舶来品"，没有自己的核心技术，高度依赖国外技术引进，科技的落后将严重影响我国互联网金融融资模式创新平台的持续发展。

2.科技风险的防范措施

技术安全和技术优势是互联网金融融资模式创新平台健康发展的外部保障。互联网金融融资模式创新平台必须加大科技投入，重点在网站建设、信用评价、风险控制、信息搜寻与处理以及科技人才培养等方面取得实质性突破，拥有自己研发的核心软硬件，为我国互联网金融融资模式创新平台快速健康发展提供科技支撑。

（1）开发自己的核心软硬件

互联网金融融资模式创新平台必须重视开发自己的核心软硬件。首先，通过成立自己的科研团队，加大核心软硬件的研发，拥有自己的核心技术；其次，加强与科研院所、高校的合作，共同研发核心软硬件；最后，采取外包的方式，将核心软硬件的研发外包给具有强大实力的核心软硬件研发机构。

（2）建立灾备中心，防止发生系统性金融风险

互联网金融融资模式创新平台必须拥有自己的灾备中心，以防发生网络系统瘫痪，数据丢失等造成的系统风险。一方面加大投入，建立自己的灾备中心；另一方面与其他金融机构合作，共同建设或租用灾备中心。

（3）加强内部管理，建立健全网络安全保障机制

首先，加强员工的网络安全意识教育，增强员工的网络安全意识；其次，建立健全自上而下的网络安全保障机制，按照安全级别分层进行授权管理，如果发生风险根据网络安全保障处置预案进行风险化解；最后，加大网络安全监督力度，防止内部人员道德风险和操作风险。

（三）建立健全人才培养机制，增强互联网金融创新平台核心竞争力

互联网金融是一个兼具互联网与金融的新兴综合学科，融合了互联网、金融、IT等多个学科门类，对既要懂互联网又要懂金融的复合型人才要求很高。当前，互联网金融这方面的人才十分短缺，人才储备不足是制约互联网金融行业创新发展的关键因素。互联网金融企业应加大人才培养投入，在人才引进、从业人员培训、薪酬激励等方面重点支持，打造一支高素质的复合型人才团队。

1. 引进复合型高级管理者、职业经理人

高级管理者、职业经理人是实施互联网金融模式创新的火车头，引进既能熟悉互联网金融经营模式，又能驱动互联网融资模式创新的高级管理者和职业经理人，是互联网金融企业核心竞争力的关键少数。除通过高薪引进高级管理者和职业经理人外，还应配置适合高级管理者和职业经理人发挥引领作用的平台，充分挖掘其管理水平和专业技能的潜力。

2. 培养互联网金融专业人才

互联网金融企业要加大对网络信息技术的开发、应用和维护以及市场营销等方面人才的培养。一方面建立独立的培训中心，除加强员工的专业技能和基础业务能力培训外，还为中小企业培养互联网金融人才。如阿里学院根据中小企业人才需求，进行专业化的培训电商人才，另一方面与知名高等学校、科研院所以及实力雄厚的专业培训机构合作，选送一批业务能力强，综合素质高，年轻而富有工作激情的员工到合作单位重点培养，为互联网金融企业发展创新储备后备力量。

3. 招聘知名高校优秀毕业生

优秀毕业生不仅是互联网金融企业发展创新的新生力量，还是互联网金融企业可持续发展的新动力。如阿里巴巴以年薪60万元从知名高校招聘优秀大学毕业生，打破了金融行业员工薪酬体系的约束。

二、互联网融资模式下中小企业自我完善的政策建议

互联网金融的发展为中小企业融资拓宽了新渠道，在解决中小企业融资难、融资贵方面发挥了积极作用。然而并不是所有的中小企业都能享受互联网金融带来的"福利"，即使互联网金融门槛低，也还存在大量中小企业因达不到互联网金融准入条件而拒之门外。因此，加强中小企业自身发展，既能为自己创造价值，又能享受互联网金融"福利"。

（一）加快中小企业电商化发展，为中小企业互联网融资创造条件

近些年来，电子商务的发展非常迅猛，电商"井喷"式的发展对传统商业模式造成了巨大的影响。随着网购热潮的兴起，电商正在向"草根"用户发起冲击，迅速占领广阔的"长尾"市场。电商随着网民的年轻化，未来网络购物将成为人们生活服务的主要方式。正如金建杭所言"生活服务的电子商务化是未来十年的一个方向"。网购作为未来的生活服务方式是大势所趋，个性化、小规模、高附加值、低消耗将作为中小企业战略转移的主要方向。谁最快速适应电商发展带来的商业模式的变化，谁就赢得电商市场的"入场券"，谁就创造了自己的价值，谁就能享受互联网金融"福利"。

（二）整合企业间价值链，构建"客户群组"，降低中小企业互联网融资交易成本

企业价值链类似于供应链，但与供应链有本质的区别，供应链有核心厂商，以核心厂商为中心，把上游供应商与下游经销商链接起来形成纵向的联合体。而企业价值链则是企业间的价值链进行捆扎在一起形成合作伙伴关系，企业间是一种平等、自愿、合作共赢的横向联系。由于企业价值链与供应链存在实质上的差别，其融资模式也大相径庭，供应链融资是通过核心企业作为主体，为其上下游企业提供担保，银行为上下游企业提供融资的模式。而企业间价值链是通过相互融合，构建一个"客户群组"通过互联网融资，"客户群组"间相互监督、相互制约，共同维护"客户群组"的信誉，"客户群组"的信用等级越高，利率越优惠，极大降低中小企业互联网融资交易成本。

（三）中小企业要充分了解互联网金融特点，选择与自身相适应的互联网融资平台

随着互联网金融的飞速发展，涌现出了多元化、专业化、个性化的互联网金融融资平台，中小企业要结合自身情况，选择与自身相适应的互联网融资平台。一方面考虑借款的成功率和融资成本；另一方面要对互联网融资平台的真实性和信息技术的安全性进行甄别。此外，中小企业要真实、精准地向互联网融资平台提供信息，维护好自身的信用，提高借款的成功率，降低资金价格，为自身创造价值。

三、政府与监管机构在互联网融资模式创新中的政策建议

当前，互联网金融经过"井喷"式的发展后正处于持续发展的交叉路口。一方面互

联网金融的发展加速了金融业的变革，提高了金融服务效率，降低了融资成本，为解决中小企业融资难、融资贵提供了新的融资渠道；另一方面部分网络借贷平台非法集资，诱骗欺诈投资人，携款"跑路"经营不善倒闭关门等，给互联网金融的持续健康发展造成了不良影响，将互联网金融推向了风口浪尖。除此之外，我国正面临利率市场化改革的初级阶段，传统金融机构正承受因金融抑制而诱发的"制度性"脱媒和因技术进步导致的"技术性"脱媒的双重压力；互联网金融的发展也面对市场化、规范化和政策性多重约束的现实。受这些因素的影响互联网金融的发展道路异常复杂多变。为此，政府与监管机构要充分发挥指导、协调、服务和监管职能，为互联网金融的持续健康发展保驾护航。

（一）政府出台政策支持，科学引导互联网金融健康发展

一方面互联网金融发展时间短，大多数平台规模小，盈利能力不强，抗风险能力弱，像中小企业一样，随时面临经营困难而倒闭。因此，政府应加大互联网金融企业的扶持力度，像支持中小企业一样，在财政税收上给予扶持，在政策上适度宽松，在社会关系、人力资源上充分发挥协调作用。另一方面互联网金融是一个高科技行业，一些地方政府对互联网金融的认识存在误区，盲目追求"高大上"，建立互联网金融产业园、科研基地，举办没有实质意义的互联网金融论坛和峰会，不遵循互联网金融发展规律，造成了资源的极大浪费。因此，政府应加强科学引导，深入研究互联网金融发展过程中出现的新情况、新问题，因地制宜，分类指导，科学发展互联网金融。

（二）加快信用体系建设，开展规范化的数据交易，推进信息公开与共享

大数据逐步渗透到国家的各个领域，谁拥有大数据谁就具有核心竞争力优势。大数据交易正在成为数据市场助推器，有力推动数据市场化、共享化和产业化进程。我国是一个"大数据"大国，"大数据"涵盖了国家的各行业，如央行征信系统、金融行业、移动通信行业、电商行业、社交网络等，可以说，"大数据"正在使人们的生产生活发生悄然无声的"变革"。我国也着手"大数据"战略，我国在北京市中关村建立了"大数据"交易产业联盟，中国互联网优质受众营销联盟，这些"大数据"市场的产生为推动我国数据中间交易提供了"大数据"平台。"大数据"似"劳动、资本、技术"要素一样，既能发展社会生产力，促进经济增长，提升综合国力，增加全社会福利；又能提高各个行业的创新能力，优化资源配置。

互联网金融的运行核心是"大数据"，整合"大数据"资源，推进"大数据"资源公开与共享是解决中小企业融资信息不对称的有效途径。然而，如今我国的"大数据"还处于分散化、碎片化、独立化以及封闭式的阶段，如金融机构、移动通信部门、公检法机关等的数据都是绝对保密的，除内部人员及有权使用数据部门外，其他数据需求者无法获取其相关数据信息。互联网金融是一个高度依赖"大数据"的特殊行业，如果没有公开化、共享化的"大数据"支撑，将严重制约互联网金融的可持续发展，中小企业将仍面临融资

难、融资贵的困境。因此，作为拥有中小企业数据相对完整的中国人民银行，应向互联网金融企业开放征信系统，是解决互联网金融"大数据"瓶颈的关键一环。同时，政府应建立"大数据"分级管理制度，依法划清"大数据"级别界限，国家战略级数据严禁外泄，私人级数据严格保密，充分尊重个人隐私权，商业级数据付费使用，公共级数据公开、共享。此外，国家应鼓励创建多样化形式的"大数据"交易机构，运用市场机制推动信息公开与共享，提升"大数据"的使用价值和社会价值。

（三）加大监管立法，促进互联网金融监管从机构型监管向"功能监管与行业自律"混合型监管型创新

互联网金融既体现互联网、金融的普遍风险特征，又体现互联网金融自身风险叠加的特殊风险特征，再加上互联网金融的模式种类繁多，已经呈现混业经营的态势，除具有共性风险外，各种模式风险表现也各不相同。当前，由于我国专门用于规范互联网金融发展的法律法规、监管政策滞后，还没有形成一个完整的、系统的、有效的监管体系，互联网金融处于"野蛮生长"状态。因此，既要加快出台专门的互联网金融法律法规，明确互联网金融"谁来管"的问题，又要为互联网金融提供宽松的金融生态环境，监管政策宜粗不宜细，着力摒弃阻碍互联网金融发展的体制机制，为互联网金融持续、健康发展提供制度保障。

首先，依法规定互联网金融监管主体。通过法律界定互联网金融的准入、功能定位、服务范围以及参与主体的权、责、利等，明确互联网金融经营主体，划清监管职责。

其次，统筹完善和制定金融监管法律法规。互联网金融是一个新生事物，其创新变化快，对现行监管法、商业银行法、证券法等诸多法律法规提出了新的挑战。因此，必须成立互联网金融协调委员会，明确牵头部门、协助部门统筹完善现有法律法规。必要时，重新制定新的金融监管法律法规。

最后，创建新型互联网金融监管模式。互联网金融充分体现"开放、平等、协作、共享"的互联网精神，其监管应遵循开放、包容、适度的原则，在守住不发生系统性风险底线前提下，鼓励其探索创新。因此，对互联网金融的监管应采取"功能监管与行业自律"的混合监管模式。一方面功能监管能按照不同的互联网金融模式匹配不同的监管机构；另一方面"功能监管与行业自律"的混合监管能够避免交叉监管或监管"真空"，其覆盖面更广，功能更强，效率更高。

第七章　互联网金融多元化发展模式

第一节　电商金融模式

一、电商金融服务模式概况

（一）电商金融概念及特点

1. 电商金融的概念

电商金融是电子商务与金融相结合的产物，主要凭借电子商务平台记录的历史交易信息以及其他相关的外部数据，利用云计算等先进计算机技术进行综合评判和风险分析，确保在风险可控的情况下为有融资需求的消费者、供应商提供担保和资金

2. 电商金融的特点

相比传统的电商运营的资金仅依托电商平台的单向流动，电商金融能在电商圈内形成闭合的回路，加快资金的周转。电商金融是基于互联网"开放、平等、协作、分享"的精神向传统金融业态渗透，是传统行业与互联网精神相结合的新兴领域。电商金融与传统金融的区别不仅在于金融业务所采用的媒介不同，更重要的在于金融参与者深谙互联网"开放、平等、协作、分享"的精髓，以网络平台为依托，使电商金融业务具备透明度更强、参与度更高、协作性更好、中间成本更低、操作上更便捷等一系列特征。

（二）电商金融服务模式发展背景分析

商业活动的本质是商品流、物流、资金流、信息流四流合一的循环活动。电子商务依托以电子商务产业为基础的快速信息流，加快了物流、商品流、资金流的流动速度。电商金融彻底改变了以往电子商务活动中资金单运行的方式，让资金流在电商生态圈内形成闭环，实现了资金流的循环和加速周转。

传统金融模式与传统金融思维，其本质为在工业经济的大背景下，金融机构以产品为中心，在生产中控制产品边际成本，追求规模效益，在供销中强调计划与渠道，整体运营模式采用自上而下的金字塔模式，流程设置相对死板。例如，在传统金融模式下，金融媒介如银行等机构，在提供信贷融资、交易结算等业务时，完全依赖于进行线下现场调

查、资质审核等方式。其他金融服务与产品的提供也往往需要较为复杂的模型计算，以进行风险定价与期限匹配，审查严，门槛高，流程久，效率低，提升了资金需求者的融资与时间成本，增加了信息不对称。

同时，传统金融机构设置庞大而复杂，金融机构分工专业化，金融资源高度集中，在此市场格局下，传统金融机构出于对自身收益的考虑，存在服务盲区，资质较差的中小企业与个人一直被排斥在外，由于项目资金无法正常及时对接，企业无法得到良好的发展。也正是由于传统金融模式自身的缺陷，使金融服务有了较广阔的提升空间，客观促进了电子商务金融模式的迅速发展。

随着都市生活节奏的加快，人们的时间观念逐渐增强，对于工作效率的要求也不断提升。在传统金融模式下，用户消费产品，接受服务时，往往须耗费较大的时间成本，并承受一定信息不对称风险。而在电子商务高度普及的今天，消费者可足不出户办理各种业务，且可以充分了解金融机构所披露的各种信息。越来越多的消费者开始依赖于电子商务，相比于线下，他们更希望通过线上操作来满足自己生活与工作的需要。与此同时，随着收入、生活水平的提高，消费者有了越来越强烈的投资欲望，同时，人们也不再满足传统金融机构所提供的同质化金融产品，希望能够根据自身实际财务状况、风险偏好，选择为自己量身打造的产品。正是这种习惯和意识上的改变，使电子商务金融有了广泛的目标客户群体，极大地拉动了电子商务金融的发展。

电商金融，是电子商务和金融相结合的产物。电商金融凭借电子商务的历史交易信息和其他外部数据，形成大数据，并且利用云计算等先进的电子商务技术，在风险可控的条件下，当消费者、供应商资金不足且有融资需求时，由电商平台提供担保，将资金提供给需求方。电商金融以信用为前提，以法律为保障，以资金需求方继续使用电商平台类服务为执行基础；若资金需求方不能按时还款，其在电商平台上的活动将会受限制，例如，第三方卖家会面临店铺被关闭的风险。

电子商务金融的产生与迅猛发展，得益于科技的创新与技术的进步。电子商务的推广，个人计算机、手机等设备的普及，为电子商务金融的产生与发展提供了最基本的硬件支持。大数据的使用，使企业可以依靠计算机的强大计算能力，对海量数据进行获取、储存、挖掘与分析，透过历史数据的迷雾，及时且准确地获取和未来相关的信息，为企业决策与发展提供有力依据。云计算技术的成熟，使企业得以迅速获取相关资源与服务，降低数据处理成本与人员沟通成本，对市场上可能会出现的各种情况迅速做出响应。谷歌、百度等搜索引擎的兴起，使资金的供需双方快速精准地定位自身需求，获取相匹配的产品与服务。社交网络的发展，为电子商务金融企业提供了广泛而可靠的数据来源，便于其分析用户所处环境、习惯、偏好等个人因素。正是由于上述 IT 技术的完善，以及使用该技术带来的收益，使电子商务金融机构有能力且有意愿为消费者提供相关产品与服务。

二、电商金融服务模式的本质分析

（一）电商金融的基本要素

目前，学术界和实务界均认为电商金融体系主要由四个要素组成，具体包括大数据、电商平台、资金提供方、资金需求方四方面，每一次电商金融系统的交易活动都需要各要素的协调与配合。

大数据是整个电商金融运行的基础。大数据的来源主要有以下三种途径：①依托电商平台自身的巨大客户数据优势，电商平台将自身网络内每一次电子商务活动中的数据，诸如上下游交易、客户数据、物流数据、口碑评价、认证信息、近期交易动态、实时运营状况、平台工具使用状况等进行汇集处理，形成最主要的数据。而且，随着移动互联网的发展，数据的维度也在进一步多元化，移动互联网技术就将"位置"这一维度与其他维度的信息关联起来。②此外，在资金需求方提交贷款申请时，需要完善资金需求方各类数据，提交包括公司信息以及家庭、配偶、学历、住房等信息。③为了数据的进一步完善，增强数据的维度，提高风险控制水平，需要引入外部数据，例如，海关、税务、电力、水利、电信、中央银行征信系统等数据，也需要对电商平台外部的互联网信息进行采集整合，比如，该公司在社交平台的客户互动数据、搜索引擎数据等。

电商平台：电商平台是维持整个电商金融运行的核心节点，一方面电商平台要利用大数据对资金需求方进行担保；另一方面电商平台也要监督各项资金流的运转状况，确保整个电商金融的正常安全运行。

资金需求方：参与到整个电商金融活动中的消费者、第三方网店、产品供应商等，都可以成为资金需求方。由于电子商务只是整个商业产业链条中的特定环节，链条上及链条外的生产、加工等类别的中小微企业客户，是电商金融很难覆盖的部分，这些环节中的资金需求方很难被电商金融涵盖。

资金提供方：电商金融中资金提供方的来源可以多样化，主要有四种方式：①电商平台自身提供资金：电商平台成立小额贷款公司或者专门的财务部门提供资金；②电商平台利用大数据为银行等金融机构做担保，由银行等提供资金，走金融服务模式；③电商平台拥有银行牌照，具有吸收资金功能，用融得资金提供贷款；④电商平台作为信贷平台市场，为平台上各类用户的贷款提供信用评级或标价，包括担保，让各类投资者在此信贷平台市场上进行投资交易，直接连接投资者和资金需求方。事实上，对于来源于银行等金融机构和个人的外部资金，电商平台为其提供担保；对来源于电商平台的自主资金或是依靠获得牌照融得的资金，从某种角度，相当于电商平台为其做了内部担保。

（二）电商金融中的大数据应用

1. 信用评估

电商金融的新模式引发对涉足电商金融的个人和企业身份认证及信用评估的变革，除了对评估对象静态信息的分析外，更重要的是变化中的动态信息的分析挖掘，建立用户的信用评分和增信模型。比如，对涉足电商金融的企业，它们在供应链的各个环节，如订单、库存、下线、结算、付款等关键环节产生的数据进行清理建库、分析挖掘，进而建立企业的信用等级模型和算法，并根据其信用等级、成长性、未来发展预测等给予不同的信用额度，达到支持实体经济之目的。又比如，阿里小贷和上海科技金融研究院联合推出的科技型企业的财务信用系统。

2. 资产定价

金融产品定价问题是金融的核心内容之一，特别是金融衍生产品定价一直是学术界和实务界关心的重要领域，涉及数学建模和计算等。比如，Ripple 利用大数据分析对信贷中的数量配对、期限配对等配对能力的分析，使其汇兑系统可以实现不同货币（甚至包括积分）间自由、免费、零延时的汇兑（配对）。

3. 风险管理

金融创新与金融风险相伴相成。电商金融也是如此。电商金融提高了金融效率，但也使风险跨越了地界和人际关系，并呈现许多新形式，而监管的滞后和法律的缺失则非常不利于电商金融风险的界定和防范。国际证券事务委员会及巴塞尔委员会所界定的八种金融风险（市场风险、信用风险、流动性风险、交割风险、操作风险、系统风险、法律风险、道德风险）在电商金融中都有不同程度的暴露，且交织在一起。因此，通过对电商金融活动产生的大数据进行分析，及时发现风险暴露，采取措施加以规避和防范，这方面的工作具有重大的意义。

三、电商金融未来发展的机遇与挑战

（一）电商金融对金融脱媒的影响

根据金融脱媒理论，金融脱媒又称金融去中介化，是资金供求双方不通过金融中介而直接进行资金交易的现象；"媒"狭义上指商业银行，广义上指金融部门。现代金融中介理论利用信息经济学和交易成本经济学的研究成果，认为金融中介存在的意义在于：①金融中介可以降低借贷活动中由不对称信息产生的交易成本，分别为贷款前选择项目、贷款后监督项目和项目完成收回贷款三个阶段的交易成本；②金融中介由于自身的专业优势，可以减少学习有效利用复杂多样的金融工具并且参与到市场中的成本，代理投资者进行交易，有效节约参与成本；③金融中介作为"流动性蓄水池"，降低交易双方的流动性风险。

电商平台由于具有资金需求方在互联网上的丰富信息，在贷款前选择项目阶段能非常明显地降低信息不对称程度，获得较低的成本；但对贷款后监督项目和项目完成收回贷款阶段，只有这两个阶段能被互联网监控，信息不对称程度降低的才会明显，成本因此也会降低，否则电商金融公司还得采用高成本的传统线下监督贷款项目和线下追回不良贷款的形式：如淘宝提供的卖家订单贷款，这两个阶段都在淘宝网的监督下；但对于诸如阿里巴巴 B2B 的信用贷款，由于贷款后监督项目和项目完成后回收贷款，都不能被互联网有效监控，需要去线下监督。针对在降低用户参与成本和作为"流动性蓄水池"方面的作用，由于这两方面都需要专业的金融技术，和传统金融相比，电商金融公司并无明显优势。电商平台在降低信息不对称程度和降低金融交易成本的某些阶段，具有特别显著的优势，为金融脱媒提供了可能；金融脱媒程度的高低，取决于其运作模式。

如果电商企业可以利用生产出来的信息产品开发相应的金融产品，例如，获取商业银行牌照，吸收存款并放款，或是成立小额贷款公司，提供贷款给平台上的消费者和企业，那么，在此种意义上，就不存在金融脱媒，电商平台成为一个新的金融中介机构。

如果电商企业作为消费者和企业的信用评价机构，自身不参与金融交易，对不同类型的贷款业务进行评级，撮合资金供求双方的交易，资金供求双方在电商平台上进行直接融资，那么此种状态下资金供求信息充分透明，供需各方都有公开的机会，形成类似于股票交易市场的竞价方式，电商企业收取相关服务费，此时相当于金融市场形式，形成金融脱媒。

更理想的状况是，如果互联网公司以基本完全免费的方式，让资金盈余方和资金需求方在互联网平台上进行直接融资，那么此时交易成本极低，接近一般均衡理论所描述的状态，金融脱媒程度更深。

（二）电商金融未来发展的机遇

电商金融以其独特的优势将对传统商业银行的竞争行为产生深远的影响，将在银行业长期发展过程中发挥"鲇鱼效应"，包括改变银行传统盈利模式、调整业务结构、改变客户基础、改善服务水平、建立和引入新的信息管理系统等。小微企业面临的挑战是电商巨头眼中的机遇。对于电商平台来说，依附其平台进行开店、供货的企业越多越能增强其竞争力，为平台源源不断地注入新鲜活力。提供小额贷款不仅整合了供应链，为上下游提供了良好的金融服务，而且起到了拓展客户和市场的增值作用。针对信息不对称、风险大、贷款程序繁杂、耗时长以及交易成本高等劣势，电商平台利用自身优势，尽可能地控制甚至力求消除其不利影响。

第一，受国内政策的支持与引导，电子商务将继续得到发展。一些文件的先后出台，充分表明了国家对电子商务发展的肯定与支持。此外，商务部积极推进制定《电子商务法》，以规范市场秩序，推动电子商务健康有序发展。这对于依托电子商务平台并与其紧密捆绑的电商金融来说，将预示着良好的发展前景。

第二，电商企业面临加快转型、调整战略的需要。电商行业的竞争已由零售、支付领域延伸到包括金融服务在内的全供应链领域，专业化、个性化的服务对于增加电商平台对用户的黏性具有重要的意义。以促进平台交易为核心，创新性地开发增值服务，在平台大数据等领域深化发展，是当前主要电商的发展方向。电商金融未来的发展需要继续顺应这一发展潮流。

第三，流通产业的发展需要电商金融的支持。电子商务的发展是促进流通的重要环节，电商平台的供应商及卖家大部分从事的工作是流通领域发展的微观基础，是产业链中重要的一环。延伸到整个产业链的电商金融服务，促进上下游产业的打通，再加上中小商户触网的趋势，信贷业务有着良好的发展前景。

（三）电商金融面临的挑战

电商金融作为一种新型金融模式，外加自身的各种特殊因素制约，在法律约束、监管标准等方面都存在一定的空缺，成为互联网金融行业的风险隐患，将给金融界带来新的挑战。

第一，监管和立法滞后。虽然电商金融能够快速发展在一定程度上与监管与立法环境的不成熟有关，但长久下去就会带来问题。尽管当前电子商务领域的相关制度建设已逐渐趋于完善，但有关电商金融方面的问题在监管和立法方面仍显滞后。目前，我国小额信贷行业的发展还处于起步阶段，虽然相关文件的下发对小额贷款公司的未来发展方向给予了肯定，但对小额信贷组织的法律地位并没有一个明确的界定。这就使我国小额信贷公司只能以企业法人身份在工商局进行注册登记，虽然经营着与银行类似的金融业务却没有获得相应的金融许可，并不受金融监管的约束。虽然这为电商金融的发展提供了灵活的空间，但是当前有关网络融资监管方面的空白也给该行业的长足发展埋下了隐患。

第二，面临商业银行的强势反击。在实践中，电商企业凭借完备的物流系统、庞大的交易数据等优势，快速渗透到互联网金融领域。而传统商业银行凭借资金优势，纷纷开发电子商务平台，如建行"善融商务"，以突破传统银行的自身障碍，通过电商模式直接掌握客户信息。此外，交通银行推出了"交博汇"，中国银行推出了"云购物"电子商务平台。五大国有商业银行都已建立了信用卡商城或网上商城，据数据统计，在股份制商业银行中近70%的银行发展了电商业务。

电商与银行之间存在合作或是竞争的博弈关系，双方都有一定的优势与不足。银行的优势在于拥有雄厚的资本以及金融业务经营上的专业性，但是，如果涉足电商金融，就必须有客户数据作为支撑，这就涉及商流、物流等方面，而银行在这些方面往往是门外汉；而电商平台则拥有海量信息资源的优势，但电商并非金融机构，并不能吸收存款，放贷资金来源有限。

如果电商平台与银行形成合作关系，双方的优势都能得到发挥，使资源相对集中，提高资源的利用效率，从而实现有效互补、相互促进、互利双赢，与此同时，能够避免重复建设，避免吞噬对方业务领域、恶性竞争的发生。但是该战略也存在弊端，双方合作的关系不易维持，因为在利益分配上容易产生冲突，如果没有及时做出妥善协调，合作就会出现裂痕，同时，对客户定位的不一致也会导致合作关系终止。

如果电商与银行选择竞争的策略，就意味着各自建立独立的金融服务系统。从银行的角度，出于发展新客户、获取客户信息的需要，银行凭借自身雄厚的资本优势，建立基于银行品牌的电子商务平台，以达到掌握信息主导权的目的。从电子商务平台的角度，平台客户所积累的交易信息和信用记录，成为电商开展金融服务的优势，而电商平台客户巨大的融资需求成为电商开展金融服务的动力，在电商发展足够成熟的情况下，电商平台建立自身的金融服务体系，通过设立科学的信用评级制度，有针对性地设计适合平台客户的金融产品。但是，该战略会造成银行与电商之间激烈的竞争，两者各自的优势都给对方造成较大威胁。

第三，面临长足发展的资金压力。维持小额贷款公司健康持续发展的最基本、最重要的因素是资金，充足持续的资金来源是小额贷款公司长足发展的源泉。然而，正如前文分析，根据相关规定，小额贷款公司只能以企业法人身份进行注册登记，没有明确的金融机构地位，其资金来源非常有限，只能是资本金不超过两家银行的融通资金以及捐赠资金，不得变相吸收公众存款或通过内外部筹集资金，不能像银行那样按照银行间同业拆借利率获取资金支持，也不能在税前提取风险准备金，更不能被纳入中国人民银行结算系统，也就无法取得征信系统信息。这样特殊的身份地位，使小额贷款公司无法以较低成本获得社会闲置资金，限制了其正常的融资渠道，进而导致了小额贷款公司面临资金不足的风险，阻碍了小额贷款公司持续健康地发展。

第四，存在风险隐患。互联网最大的特点是具有正外部性，这种外部性表现为网络效应，即网络的效益与其规模成正比。网络产业能够快速发展，正是由于网络效应的作用。对于金融行业，网络效应同样存在，但金融行业的最大特点是风险性。当风险性受到网络效应的作用时，金融行业就会表现出风险外部性，这就需要完善的监管体系。监管不到位就会使风险外部性波及社会经济的稳定。历史上的金融事件表明，金融给经济带来的巨大冲击会引起社会的动荡，成为社会不安定的因素。因此，对金融行业要进行宽泛的不严谨的管理是不可行的。

作为一种创新的金融模式，电商金融处于起步阶段，相应地，对其监管还不完善。从整个互联网金融行业来看，互联网金融近几年快速发展，民间机构纷纷应对细分市场需求，尝试突破金融壁垒，企图通过各种方式进入金融市场，由于既没有受到严格的监管，也没有形成内部庞大的官僚机构，决策更贴近市场，使它们更能快速响应市场的需求，从而开发出更有针对性的金融产品，所以这几年互联网金融异军突起。监管的不完善，在给互联网金融带来灵活性、高效性的同时，可能会带来风险的不断增加。风险的增加必然会给互联网金融的未来发展埋下隐患。

第五，专业化、个性化服务有待提高。电商金融以电子商务企业为主导，缺少传统金融行业的专业底蕴，无论是在构建企业信用评级系统还是开发有针对性的金融产品方面，都比较缺乏专业的金融人才和相关技术人才，在开发与电子商务配套的理财产品及金融衍生品上难以自主创新，在满足客户个性化金融需求方面有待提高。

第二节　直销银行模式

一、直销银行概念和特点

（一）直销银行的概念

直销银行是互联网时代应运而生的一种新型银行运作模式，在这一经营模式下，银行没有营业网点，不发放实体银行卡，客户主要通过电脑、电子邮件、手机、电话等远程渠道获取银行产品和服务，因没有网点经营费用，直销银行可以为客户提供更有竞争力的存贷款价格及更低的手续费率，从而降低运营成本，回馈客户是直销银行的核心价值。

简而言之，直销银行，是指业务拓展不以柜台为基础，打破时间、地域、网点等限制，主要通过电子渠道提供金融产品和服务的银行经营模式及客户开发模式。

（二）直销银行的特点

虽然随着互联网技术和电子商务的发展，国内大部分银行均设立了网上银行、手机银行、电话银行等业务，业务的电子替代率持续上升，但这些业务依然作为传统银行整体的一部分而存在，更多的是充当对传统物理网点的补充，并没有完全脱离实体网点而独立存在。直销银行与传统银行的最大区别在于脱离实体网点而存在。随着国内金融改革的推进，开设直销银行成为广泛关注的焦点。直销银行具有以下四大特点：

1. 充分依托虚拟网络和外部实体网络平台

直销银行的业务开展主要是基于互联网平台，大部分金融服务都可以通过互联网来实现。除了依托互联网这一虚拟网络以外，直销银行也会积极借用其他实体单位的网络渠道来处理业务。

2.组织结构扁平化

在组织结构设置方面，充分体现了"直销"特点。绝大部分银行都极少或根本没有实体分支网点，银行后台工作人员直接与终端客户进行沟通和业务往来。

3.吸引顾客方式灵活多样

由于不设立实体店面和分支机构，所以，直销银行能够将节约下来的成本和费用开支让利于顾客，让顾客得到更多的"实惠"。

4.追求便捷性和安全性的统一

相比传统实体银行固定的工作时间，直销银行可以利用互联网、移动通信等方式为客户提供365天24小时不间断的网上金融服务，这为客户进行网上交易和支付提供了极大的便利。

二、直销银行的发展

（一）直销银行的发展趋势

1.智能记账和理财规划将成为直销银行的标配

智能记账和理财规划将成为直销银行的标配，"积分"和"返利"等业务也将陆续发挥特有的作用。这些非金融类业务可以有效地维护用户与银行账户的接触频率。在这种趋势下挖财、信用卡等可能会成为银行不错的收购标的。

2.直销银行是银行迈向互联网金融的最佳手段之一

例如，国外的直销银行，一开始只开展储蓄业务，逐渐提供简单贷款、投资等业务，而且这些业务并不是照搬原先网点提供产品原型，而是重新思考这些金融产品在互联网和移动互联网下的实现方式，最终"直销银行"走向"直销金融"。

3.移动优先

目前银行的手机银行恨不得迁移全部的网银功能，银行并没有按照用户的使用频率来选择较优的交互模式。直销银行只有有限几种产品且完全能够满足用户日常的金融需求，所以也更适合在移动端展示。现在的网银和手机银行已经成为过去时，而未来银行应该抓住直销银行在手机端的发展，适当增加近场支付功能，重新获得用户的青睐。

（二）有效开展直销银行的方法

1.准确定位目标客户是直销银行成功的关键

例如，民生银行的直销银行业务的目标客户群主要定位为三类：①工作繁忙的都市白领阶层；②乐于接受新事物的追求潮流的人；③对价格比较敏感、追求优惠的人。从客户特征来看，民生银行与 ING Direct 的客户定位较为接近，都是为有一些明显特征的客户群体提供服务，这样可以提高客户的同质性，降低营业成本。

　　未来国内的直销银行或许更多朝差异化发展，进一步细分银行的客户群体，同时有特殊平台客户资源的银行将会得到更好的发展。相应地，如果直销银行客户定位不清，笼统地定位于为所有的、原有的客户提供全面的金融服务，那么直销银行将退化为传统物理网点的渠道补充，其带来的品牌效应和增量价值将较为有限。

　　2. 金融产品和服务的多样化与否和直销银行的组织结构密切相关

　　当前国内存款利率上限并未放开，各家银行之间的竞争仍主要通过上浮存款利率到顶来竞争储蓄客户。在直销银行上线后，银行的竞争将主要聚焦于如何给活期储蓄提供更多的便利，通过理财产品、定期存款、通知存款、活期存款等方式灵活设计金融产品，为客户资金在闲置期间提供更高的收益回报。

　　对于未来国内直销银行的金融产品数量和标准的趋势，与直销银行的组织结构形式有关。如果直销银行作为传统银行本身的部门存在，传统银行自身有足够多样化的金融产品和服务满足直销银行客户的需求，直销银行更多地将体现为渠道的价值，而直销银行也可以提供更多的金融产品和服务；如果直销银行作为独立的法人组织存在，直销银行出于成本控制，会更多地往专业化、差异化的方向发展，金融产品和服务将会简单化，否则利率市场化之后同质竞争的结果就是在价格战中两败俱伤。

　　所以，直销银行即使作为传统银行的渠道价值存在，金融互联网化的趋势和直销银行在成本控制方面的优势决定其依然有广泛的前景。

　　但直销银行价值更充分地体现在于其作为银行转型的方向，通过差异化的金融服务和轻资产的经营方式拓展银行的经营边界，为特定目标客户群体提供专门的、简单的金融服务。同时，通过强化直销银行自身的资产负债定价能力，提升金融服务效率，达到良好的经营业绩水平。

　　直销银行在我国形式大于实质。从根本上看，纯粹的直销银行在我国尚没有充分的成长土壤，即便未来出现创新试点案例，也难以真正冲击传统银行体系。例如，即使在竞争充分的美国，传统的大银行凭借雄厚的资金实力和技术力量仍然占据了网上银行的主要份额。因此，与其注重不切实际的直销银行噱头，不如把重心放在如何真正创新和完善电子银行上。因为，同质化竞争一直是我国银行业绕不开的问题，长期竞争激烈的电子银行，也一直停留在"价格战""跑马圈地"的水平上。为了服务于整个银行业的业务模式转型，电子银行也迫切需要围绕产品创新，为银行开辟真正的利润蓝海。

　　具体来看，一则，电子银行的发展重点，在于实现支付结算平台的延伸和创新，与传统支付结算工具相结合，不断开发出能够有效满足居民需求的新型服务。例如，用户通过手机银行预约取款、通过互联网和电话在线购买外汇等，这些刚出现的新型业务，都展现出巨大的创新想象空间。二则，在鼓励居民消费的大环境下，构造完善的消费金融体系则更加必要，这就需要从金融前台到中后台的多层次建设。其中，通过电子银行业务，还可以实现传统信贷融资功能的延伸和创新。无论是崭露头角的网上微贷款，还是在满足居民创业、购房、买车、消费等融资需求过程中，对传统的资金审批、发放与回收过程的电子化替代，都应意味着居民获取银行资金将更加方便。三则，随着我国社会结构日趋稳定，老龄化程度不断提高，财富管理的大众化需求成为未来趋势。对此，电子银行应该提供个人财富管理的平台创新，使得居民可以更有效地通过"网上金融超市"选择零售金融产品。

第三节　基于大数据的征信

一、征信内涵与价值

（一）征信的定义

征信是指依法收集、整理、保存、加工自然人、法人及其他组织的信用信息，并对外提供信用报告、信用评估、信用信息咨询等服务，帮助客户判断、控制信用风险，进行信用管理的活动。按业务模式，征信分为企业征信和个人征信。

（二）征信的作用

根据服务对象的不同，征信具有六大作用：防范信用风险；服务其他授信市场；加强金融监管和宏观调控；服务其他政府部门；有效揭示风险，为市场参与各方提供决策依据；增强社会信用意识。

1. 防范信用风险

通过征信，查阅被征信人过往的历史记录，商业银行能够清楚地了解企业和个人的信用状况，采取相对灵活的信贷政策，扩大信贷范围，特别是规模较小的中小企业以及收入较低的个人。

2. 服务其他授信市场

授信市场范围非常广泛，除银行外，还包括企业和企业之间、企业和个人之间、个人与个人之间，其他从事授信中介活动的机构如担保公司、租赁公司、保险公司、电信公司等。征信通过信息共享、各种风险评估等手段将受信方的信息全面、准确、及时地传递给授信方，有效揭示受信方的信用状况，采用的手段有信用报告、信用评分、资信评级等。

3. 加强金融监管和宏观调控

通过征信机构强大的征信数据库，收录工商登记、信贷记录、纳税记录、合同履约、民事司法判决、产品质量、身份证明等多方面的信息，以综合反映企业或个人的信用状况。可以按照不同的监管和调控需要，对信贷市场、宏观经济的运行状况进行全面、深入的统计和分析，统计出不同地区、不同金融机构、不同行业和各类机构、人群的负债、坏账水平等。

4. 服务其他政府部门

征信机构在信息采集中除了采集银行信贷信息外，还依据各国政府的政府信息公开的法规采集了大量的非银行信息，用于帮助授信机构的风险防范。当政府部门出于执法需要征信机构提供帮助时，可以依法查询征信机构的数据库，或要求征信机构提供相应的数据。

5. 有效揭示风险，为市场参与各方提供决策依据

征信机构不仅通过信用报告实现信息共享，而且在这些客观数据的基础上通过加工而推出对企业和个人的综合评价，如信用评分等。通过这些评价，可以有效反映企业和个人的实际风险水平，有效降低授信市场参与各方的信息不对称，从而做出更好的决策。

6. 增强社会信用意识

在现代市场经济中，培养企业和个人具有良好的社会信用意识，有利于提升宏观经济运行效率，但良好的社会信用意识并不是仅仅依靠教育和道德的约束就能够建立的，必须在制度建设上有完善的约束机制。

（三）征信的分类

1. 按业务模式分为企业征信和个人征信

企业征信主要是收集企业信用信息、生产企业信用产品的机构。经济增长驱动企业融资规模扩大，进而引发征信需求，因此，企业征信规模应与经济总量成正比。随着中国经济总量的持续增长，以及小微企业融资需求得到满足，企业征信的规模将远不止上述规模。

个人征信主要是收集个人信用信息、生产个人信用产品的机构。如美国的征信机构主要有三种模式：资本市场信用评估机构，评估对象为股票、债券和大型基建项目；商业市场评估机构，评估对象为各类大中小企业；个人消费市场评估机构，评估对象为个人消费者。

2. 按服务对象分为信贷征信、商业征信、雇佣征信以及其他征信

信贷征信主要服务对象是金融机构，为信贷决策提供支持；商业征信主要服务对象是批发商或零售商，为赊销决策提供支持；雇佣征信主要服务对象是雇主，为雇主用人决

策提供支持；各类不同服务对象的征信业务，有的是由一个机构来完成，有的是在围绕具有数据库征信机构上下游的独立企业内来完成。

3. 按征信范围可分为区域征信、国内征信、跨国征信

区域征信一般规模较小，只在某一特定区域内提供征信服务，这种模式一般在征信业刚起步的国家存在较多，征信业发展到一定阶段后随之逐步消失；国内征信是目前世界范围内最多的机构形式之一，并且普遍采取这种形式；跨国征信这几年正在迅速崛起，得以快速发展，但由于每个国家的政治体制、法律体系、文化背景不同，跨国征信的发展也受到一定的制约。

征信是现代金融体系的基础设施。征信本身不创造信用，却是信用活动乃至整个经济金融体系征信的基石。现代金融体系中，征信的作用在于利用数据对每个金融主体进行刻画和信用评估，进而激发金融主体间的潜在融资需求，并支撑起总体融资规模的扩大。因为征信机构承担了部分信用风险管理的职能，金融机构的中介属性将会弱化，整个金融体系的交易成本有望降低。

二、数据征信的行业表现和运行机理分析

（一）互联网金融数据征信的行业表现

1. 电商金融行业

在互联网金融的具体业务模式中，第三方支付的电商金融，之所以能够依赖电商平台开展内部的商户信贷业务，并通过频繁的资产交易做大规模，最本质的优势在于电商用户的交易数据和频率，能够确保平台的信贷不良率控制在1%以下，大幅领先于银行的小微贷业务。如阿里金融，通过数据化的平台开展征信操作，将商户的信贷风险控制在较低的程度，从而能够实现日均100万元左右的利息收入。其他电商，苏宁、腾讯、京东等，不管是自己开展小贷业务，还是和银行合作开发信贷产品，所利用的也无非是电商平台上的客户数据，因为这部分数据是开展类银行业务的征信的最好范本。

2. 数据征信行业

数据征信行业也是互联网金融的一种单独类别，国外就存在专门为互联网公司提供数据征信服务的公司。其原理在于收集数据源，或自我挖掘，或从其他平台购买，利用自身数据分析工具，开展数据分析，形成分析结果，并卖给需要这些征信数据的公司。数据征信在信用数据积累相对比较完善的国家发展较快，在国内，由于数据库建设和各个平台之间的数据封闭，开展此项业务相对比较困难。央行目前就在逐渐放开对个人的数据征信查询。

（二）基于大数据的征信运行机理

1. 征信的本质是客户分类

征信主要是根据客户的财务状况、行为特征、行业环境、信用记录等信息对客户的贷款能力、还款意愿进行评估。征信本质上是一个分类问题，是根据违约可能性高低，将企业和个人分类，数学上可以抽象为如下过程：用 X 表示企业和个人的特征、属性和历史信息等（自变量），用 Y 表示信用评级、违约概率、信用评分等指标（因变量），征信本质上是在实证分析基础上，用关于 X 的函数 g 作为对 Y 的预测。相对传统征信而言，基于大数据的征信主要是引入新的数据来源，但在信用评估的具体方法和模型技术上变化不大。最直观的理解是，传统征信是用自变量 X 来预测因变量 Y，基于大数据的征信则是用新自变量 Z 和 X 一起来预测 Y，但在设定和校准预测函数上两者没有本质差异。

2. 征信的数据来源

由于互联网企业在开发核心业务的过程中，逐渐产生了传统银行所不具备的客户行为数据，而这些数据一定程度上更能反映客户的社会关系和经济行为特征，更能反映客户的贷款需求和信用状况。这与官方大数据库相比，两者具有明显的互补特征。我们通过对中国官方的征信大数据和互联网大数据的比较进行说明。

（1）现有的征信大数据主要来源于银行，主要是对已有贷款客户的信用记录。比如，中国人民银行征信中心的大数据主要来源于如下：金融机构采集的客户贷款信用交易信息和对信用主体有直接、明确影响的非信用交易信息，而且以金融行业的信贷数据为主、非信用交易信息为辅，具体包括五类：一是银保监会批设的授信机构所产生的信贷信息。这部分是征信中心的主要数据源，已由行政法规保障征信中心对相关数据的强制性采集权。授信类金融机构的信息化程度一般较高，数据库中的数据质量较好。例如，商业银行的客户信用信息。二是银保监会批设的授信机构所产生的信贷信息。这类数据是补充数据来源，同样由行政法规来确保征信中心的数据采集权。这类机构的规模较小，而且信息化程度参差不齐，因此，数据的质量也参差不齐。例如，小额贷款公司、小额担保公司、典当行的客户信用信息。三是公用事业单位所提供的具备信用特征的相关数据，例如，社会公众的电信缴费记录数据。这类数据一般以许可或协商方式采集，数据的质量受到公用事业单位信息化水平的影响。四是政府部门在行政执法过程中所产生的信用及合法行为类信息。这类数据对信用主体的信用报告具有重要影响。随着政府行政信息的逐步公开，这类信息可从公开渠道查询采集。五是法院在案件审理过程中所产生的立案、诉讼、判决、执行等信息。这类信息对信用主体的信用报告也有重要影响。除特殊情况外的司法信息将来会公开，也将逐渐可从公开渠道搜寻采集。

（2）互联网金融企业的数据来源于核心业务，主要是初始的核心业务，但也有一些公司通过客户授权的关联账户取得数据信息。例如，百度主要拥有两种具有优势的大数据：以用户搜索为基础表现出的客户需求数据；以爬虫和阿拉丁为基础获取的公共网络数据。而阿里巴巴主要拥有电商交易数据和客户评价的信用数据。在当前的数据挖掘能力水平上，这两种数据更容易分析出商业价值。除此之外，阿里巴巴还通过投资微博和高德掌握了部分社会公众的社交数据。腾讯则拥有用户关系数据以及由此产生的社交网络数据，这些数据可以用于分析客户的生活行为，并从中挖掘出社会、政治、商业、文化、健康等领域的信息，甚至用于预测客户或市场的未来趋势。

（三）互联网征信与银行征信的差异

一般来说，银行和互联网的征信体制是完全不同的，存在较多的差异点。当初阿里巴巴和建行合作开发信贷产品的时候，也正是因为银行信用审核机制和阿里自有数据审核之间的差异，导致业务上的隔阂和冲突，才不得不放弃与银行合作，开发自己的阿里小贷产品。从特点上看，银行的征信注重实物资产和债务水平，而互联网的征信注重消费数据、频率和地位，一个是线下的，另一个是线上的。当然，两种方式都能完成征信目标，针对自有体系内的客户开展好信贷服务，两种征信体制也不是没有结合的可能，需要一个良好的对接窗口。

从银行的数据结构来看，在电商平台以及其他互联网金融没有成熟之前，大多数交易数据还是通过银行渠道进行的，但是银行内部的 IT 后台系统并没有对这部分数据进行配比、分析和挖掘，在开展外部业务时往往使用相对简单的信贷审核方法：资产、债务、现金流水等，而大多数数据都躺在银行里面"睡觉"。而电商平台为主的数据平台崛起之后，银行的资金流和数据流开始被分流了，大部分商品的交易信息流开始转移到电商上，银行慢慢被"后台化"，成为简单的资金提供者和汇兑方，失去了对部分数据的掌握。所以，银行在开展小微信贷和消费信贷等需要频繁数据做支撑的信贷时，没有电商那么得心应手。但无可否认，在一些大额核心客户的服务上，银行还是掌握绝对的优势，传统的信用合规方法也管用。

三、数据征信未来前景及行业展望探析

目前，国内的互联网征信环境在逐步完善中，小贷行业，电商平台都有部分接入银行或者央行征信数据的需求，因为，并不是所有的平台都有阿里金融这样的海量数据，很多互联网平台还缺乏像样的数据积累。但是，始终明确的一点是，互联网金融的拿手好戏在于数据分析和征信，渠道是外在的表现，内在的核心是数据和信用。未来，不论是传统金融或者互联网金融，都会借鉴吸收这种基于互联网数据的征信模式。

金融业的发展，目前的趋势之一是业务的网络化和电子化，特别是传统金融机构，这几年开展电子化的趋势十分明显：从网上银行、手机银行到微信银行、网上商城；从券商机构改革到网上开户的过程；从基金的传统线下销售、到余额宝、百发等线上互联网平

台的销售，不论是产品还是结构，金融机构都开始了互联网化的过程，以实现业务转型，为用户提供更好的服务。而随着网络化的加快，网络平台成熟过程中，所积累的数据和信用就成为其业务发展的下一个重要领域：数据征信。未来数据征信不仅仅是互联网金融的拿手好戏，传统金融机构也可以成为数据分析的高手。

数据征信行业未来将呈现寡头垄断竞争格局。规模经济和交易成本的限制促使征信市场具备天然的垄断基因。一方面，征信市场呈现明显的规模经济特征，随着数据库规模的扩大以及使用次数的增加，征信业务的平均成本逐步降低，因此拥有大规模高质量数据的征信机构有望胜出；另一方面，征信主要基于信贷等金融业务而开展，因此，交易成本存在上限，出于降低成本的考虑，全社会需要大而优的征信机构而非小型机构。

我国未来征信市场或呈现"央行公共征信系统＋寡头商业征信机构"的竞争格局。①公共征信领域，央行征信系统作为央行履行金融监管职能的重要手段和工具仍将存在，并继续发挥重要作用。②商业征信领域，目前已有多家企业征信机构在人民银行完成备案，预计短期内备案的征信机构数量仍会增加，而个人征信机构牌照数量则由央行决定，但长期看具备数据优势、资金优势、综合金融优势的征信机构有望通过并购整合成长为绝对的行业龙头，而小型或专业性的征信机构则或被收购或成为大型机构的供应商，进而实现行业集中度的提升。

四、大数据时代征信业发展的建议

（一）建立符合大数据的征信法律制度和业务规则体系

现有的征信法律体系都是基于传统数据模式下制定的，难以满足大数据等新技术条件下征信业发展的制度需求。在征信业务开展过程中，大数据的收集使用可能涉及国家信息安全、企业商业秘密、公民隐私等，为了给大数据条件下征信业发展提供制度保障，需要从征信立法层面完善信息安全和数据管理的法律制度，明确大数据背景下数据采集、整理、加工、分析、使用的规则，确保大数据时代征信业发展有法可依。

（二）加强征信产品创新

随着可获得的数据量呈几何倍数的增加，征信机构通过深度挖掘和使用这些数据，就可以极大地拓展征信产品的种类，不仅能够提供信用报告查询等基础服务和产品，还可以提供其他综合性产品，满足社会各界的需求。从征信产品的满足层次高低的不同，可以分为宏观、中观和微观的征信产品。宏观层面，征信机构通过大数据分析可以对系统性、全局性的风险考虑、进行预测。中观层面，征信机构的海量数据包含大量时效性和政策含义都很强的信息，可以灵活多样地进行多维度组合分析。把这些信息整理和挖掘出来，建立对应的指数体系，有助于行业监管。微观层面，在信用主体（包括企业和个人）同意的前提下，征信机构可以提供每一个信用主体的信用报告、信用评分、身份验证、欺诈检测、风险预警、关联分析等多种数据服务。

（三）提高大数据技术处理能力

大数据价值的完整体现需要多种技术的协同。数据抽取与集成、数据分析以及数据解释，是大数据时代征信数据处理的三个重要环节，在数据处理过程中搜索引擎、云计算、数据挖掘等新技术使用必不可少。因此，征信机构要加大数据处理分析专业人才队伍的培养，同时要引进大数据处理的专业方法和工具，建立前瞻性的征信业务分析模型，更好地把握、预测市场和信息主体的行为。

（四）健全大数据信息共享机制

完善的大数据标准体系是推进数据共建共享的前提。目前，我国来自各行业、各渠道的数据标准存在差异，成为阻碍数据开放和共享的关键瓶颈。建议尽快统一标准和格式，以便进行规范化的数据融合，提升大数据的整合能力，打破资源部门间的信息孤岛，从而完善信息共享机制。

（五）提升征信监督管理水平

对于大数据时代的征信业，在注重市场培育的同时，要加强对行业的监督管理，防范信用风险。监管部门自身也要不断学习，一方面，制定符合大数据的征信业务规则，推动征信业尽快适应大数据时代的发展要求；另一方面，要制定并实施符合大数据时代征信业的监管措施，建立跨部门合作监管机制，引导和推动行业自律，以行业自律促进大数据时代下征信业的有序发展。

（六）建立符合大数据的信息安全保护机制

在制度设计上，要规定信息主体、信息提供者、征信机构、信息使用者的权利、义务、责任，明确隐私信息的范围，确保信息主体的信息依法使用。在技术上，要研究并采用最先进的网络信息安全技术，从信息的存储、传递、使用、销毁等全流程进行信息保护，防止信息外泄。

第八章 数字经济时代的互联网金融创新发展

第一节 大数据与大数据金融

一、大数据概述

（一）大数据的概念

大数据是一个宽泛的概念，其中"大"的概念已成为一致共识，但仅凭"数量庞大的数据集"还远远不足以清晰地描述大数据。大多数研究者最初都倾向从技术角度来看大数据，认为大数据是一种难以处理的大规模数据集。大数据是以容量大、类型多、存取速度快、应用价值高为主要特征的数据集合，正快速发展为对海量巨大、来源分散、格式多样的数据进行采集、存储和关联分析，从中发现新知识、创造新价值、提升新能力的新一代信息技术和服务业态。大数据技术的战略意义不在于掌握庞大的数据信息，而在于对这些含有意义的数据进行专业化处理。换言之，如果把大数据比作一种产业，那么这种产业实现盈利的关键，在于提高对数据的"加工能力"，通过"加工"实现数据的"增值"。故而，大数据技术具备走向众多企业的潜力，并已成为各行各业争相研究的焦点。

（二）大数据的特点

1. 价值高

大数据的终极意义就是其蕴含的价值。随着社会信息化程度的不断提高，数据存储量的不断增加，数据来源和数据类型的不断多样化，对于企业而言，大数据正成为企业的新型资产，是形成企业竞争力的重要基础，与曾经广为提倡的"品牌价值化"一样，"数据价值化"已经成为企业提高竞争力的下一个关键点。

2. 体量大

大数据首先是数据量大。全球的数据量正以惊人的速度增长，遍布世界各个角落的传感器、移动设备、在线交易和社交网络媒体都要生成上百万兆字节的数据。硬件技术的发展速度已经远远不及数据容量增长的速度，以至于引发了数据存储和处理的危机。

3. 速度快

速度快是指大数据处理速度要求快速。能够及时把握市场动态，迅速实时洞察市场、产业、经济、消费者需求等各方面情况，并能快速制定出合理准确的生产、运营、营销策略，将成为企业提高竞争力的关键。面对大数据的快速处理分析，将为企业深入洞察市场变化、迅速做出响应、把握市场先机提供决策支持。

4. 种类多

大数据的数据类型非常多。随着非结构化数据的比重越来越大，并且其中蕴藏着不可小觑的商业价值和社会经济价值，大数据对传统的数据分析处理算法和软件提出了严峻的挑战。

（三）大数据的类型

大数据是结构化数据、半结构化数据与非结构化数据的总和，这三种数据类型的定义如下：①结构化数据是指具有一定逻辑结构和物理结构的数据，一般存储在数据库里，可以用二维结构来表达，如每一个员工的名字和其工作年龄就是一个二维结构，每一个员工的年龄和工资也是二维结构。结构化数据一般通过关系型数据库或面向对象的数据库技术来管理。②半结构化数据是介于完全结构化数据（如关系型数据库，面向对象数据库中的数据）和完全无结构的数据（如声音、图像文件等）之间的数据、XML、HTML 文档就属于半结构化数据。它一般是自描述的，数据的结构和内容混在一起，没有明显的区分。③非结构化数据是指其字段长度可变，并且每个字段的记录又可以由可重复或不可重复的子字段构成的数据库，用它不仅可以处理结构化数据（如数字、符号等信息）而且更适合处理非结构化数据（全文文本、图像、声音、影视、超媒体等信息）。

二、大数据金融的概念和特征

（一）大数据金融的概念

大数据金融是指依托于海量、非结构化的数据，通过互联网、云计算等信息化方式，对数据进行专业化的挖掘和分析，并与传统金融服务相结合，创新性地开展相关资金融通工作。广度上，大数据金融重塑了银行业、保险业、证券投资业等金融行业的核心领域。深度上，大数据金融不仅推动了金融实务的持续创新，更催生了金融模式的深刻变革。

（二）大数据金融的特征

大数据金融具有网络化、信息对称性、高效率、服务边界扩大化和普惠金融等特点。

1. 网络化

大量的金融产品和服务在大数据金融时代都是通过网络来展现的，其中，移动网络正在成为大数据金融服务的一个主要途径。随着法律监管政策的不断完善，大数据技术的不断发展，支付结算、网络借贷、众筹融资、金融咨询等都在通过网络实现，金融实体店的功能在慢慢转型，数量也在减少。

2. 信息对称性

每个人获取数据的能力不同，金融产品和服务在消费者和提供者之间的信息往往不对称，但在大数据时代这一缺陷得到了弥补，消费者可通过网络实时获知相关的信息。

3. 高效率

在大数据的环境下，很多流程和动作是在线上发起线上完成，有些是自动实现。强大的数据分析能力，能够及时准确地在最合适的时间和地点将产品和服务提供给广大的消费者，金融业务效率飞速提高，交易成本也随之大幅降低。

4. 服务边界扩大化

在大数据技术之下，金融从业人员个体服务对象会更多。换言之，单个金融企业从业人员会有减少的趋势，或至少其市场人员有减少的趋势。

5. 普惠金融

普惠金融指的是能有效、全方位地为社会所有阶层和群体提供服务的金融体系。大数据金融的服务对象和范围扩展，金融服务随之更加接地气，俨然一种"飞入寻常百姓家"的趋势。得益于大数据金融，大多数的老百姓可以进行较小金额的理财服务，享受到存款服务、支付结算服务。

三、大数据金融的应用与模式

（一）大数据金融的应用

1. 大数据金融在银行业中的应用

与其他行业相比，大数据对银行更具有潜在价值。麦肯锡的研究显示，金融业在大数据价值潜力指数中排名第一。这主要是因为：一方面，大数据决策模式对银行更具针对性。发展模式转型、金融创新和管理升级等都需要充分利用大数据技术、践行大数据思维。另一方面，银行具备实施大数据的基本条件：①数据众多。银行不仅拥有所有客户的账户和资金收付交易等结构化数据，还拥有客服音频、网点视频、网上银行记录、电子商城记录等非结构化数据。②拥有处理传统数据的经验。③较高的薪酬能够吸引到实施大数据的人才。④充分的预算可以利用多项大数据新技术。同时，随着大数据时代的到来，银行经营发生了深刻变化，其中最根本的变化就是银行功能正在从过去的资金中介逐步向信息中介转变，由过去单一的存贷汇服务向信息提供者、业务撮合者、财富管理者转变，从而导致依靠"鼠标＋水泥"和存贷利差的传统银行经营模式消失，银行既可以融资也可以融智，传统银行业的基本功能将会被新的金融服务所替代。未来的银行必将是数据驱动型的银行。大数据应用将推动商业银行在经营理念、组织架构、业务流程、管理模式、IT架构等领域的全面调整和深度整合。

2. 大数据金融在保险业中的应用

保险公司传统的客户服务主要以保单为核心，内容较少。大数据应用可以为保险企业的服务理念打开一个新的思路。在分析客户行为数据的基础上，可以提供综合理财服务、生活消费服务、社交服务等功能，构建保险客户圈，形成以保险带动综合金融的服务体系。平安保险已做出尝试，其发布的壹钱包，率先推出了集保险、理财、购物、支付、转账、社交、生活于一身的综合服务应用。

保险企业可以和拥有丰富数据资源的互联网企业以及其他企业形成合作关系，收集用户的电商平台购物行为、在线支付、浏览记录、乘坐的航班／火车记录、旅行信息、健康记录等尽可能多的数据，凭借大数据技术，对数据进行识别、分类、筛选、统计，再经过"可视化"处理，形成价值数据，作为提供差异化服务的基础。

大数据对保险公司的经营管理也同样具有突出意义。通过对业务流程数据的分析，可以找出其中的问题，并定位问题类型和原因，提出改进措施，从而有助于提高运营管理、销售管理的效率，提升管理水平和管理能力。比如，通过分析理赔作业数据，对理赔时长数据进行分类，找到超长赔付原因后，可以甄别、筛选，制定自动理赔规则，实现实时理赔。

3. 大数据金融在证券业中的应用

大数据金融在证券业中的应用可以体现在三方面：①推动证券公司日常经营活动中的数据化运营，利用大数据提升证券公司各业务线以及中后台职能部门日常工作中各个环节的运营效率；②利用大数据技术推动证券公司业务的智能化应用，并从中挖掘新的业务形态与业务机会；③基于大数据及相关技术建立一套更加有效、科学的管控工具，保障证券公司各项业务经营风险可控，确保坚守合规底线。与此同时，智能投顾成为财富管理新蓝海，也是近年证券公司应用大数据技术匹配客户多样化需求的新尝试之一。该业务提供线上的投资顾问服务，能够基于客户的风险偏好、交易行为等个性化数据，采用量化模型，为客户提供低门槛、低费率的个性化财富管理方案。

4. 大数据金融在信托业中的应用

大数据在信托领域有着广泛的应用前景，它既是一种工具的创新，同时也是人类历史上认识世界的方法论的一次创新。信托在业务最核心的流程中引入了大数据的方法，对借款人的尽职调查采用了大数据，利用大数据技术发现了很多借款人在原来的尽职调查过程中发现不了的问题，取得了很好的效果。与此同时，信托公司转型的一个重要方向是资本市场，主要业务不仅包括股票、债券等金融产品投资，而且还包括定向增发、FOFe、MOMe 等多个方向。在传统的金融产品投资方面，通过大数据手段，提高对金融市场走势的判断水平，有利于弥补多数信托公司在证券投资能力上的不足。在 FOF、MOM 等产品组合投资方面，也可以通过大数据分析，对不同的基金投资能力做出更为合理的判断。此外，在信托公司鼓励业务创新的趋势下，利用大数据的商业价值，可以进行多种新产品和新业务模式的尝试。例如，对于消费信托、小额贷款等"零售业务"，信托公司完全可以利用大数据思维，不仅可以针对其行为特征研发具体产品，而且有利于风险的分散与控制。另一个思路是与其他金融机构的合作与对接，如通过健康大数据，开发某种保险产品，并与信托进行对接。

（二）大数据金融的模式

1. 平台模式

采用平台模式的企业，其平台上聚集了大大小小众多商户，企业凭借互联网平台多年的交易数据积累，利用互联网技术，向企业或者个人提供金融服务。大数据金融的平台模式，是以阿里金融为代表的，阿里金融也称阿里小贷或阿里小额贷款。阿里小贷充分利用了淘宝、支付宝等电子商务平台上积累的客户数据信息，通过交叉检验加上第三方验证确认客户信息的真实性，进而向这些通常无法在传统金融渠道获得贷款的中小微企业发放金额较小、限期较短的小额贷款。蚂蚁金服旗下蚂蚁花呗的目标是利用大数据和互联网服务广大的消费者，基于大数据授信模式，依托电商平台积累的数据，提供即时申请、即时审批的服务，通过之后可直接用于线上线下购物。阿里需要依据大数据保持产品种类的丰富，吸引人气，增加阿里平台的价值，在短时间内发生海量、高频资金交易对于电商平台的支付技术、数据处理，甚至网络安全都带来极大的挑战，这都要依赖强大的数据库做支撑。这种平台模式的优势在于，它建立在庞大的数据流量系统的基础之上，对申请金融服务的企业或个人情况十分熟悉，相当于拥有一个详尽的征信系统数据库。企业以交易数据为基础对客户的资金状况进行分析，能够在很大程度上解决风险控制的问题，降低企业的坏账率。在依托企业的交易系统基础上，确保具有稳定、持续的客户源。

2. 供应链金融模式

供应链金融模式是行业龙头企业依托自身的产业优势地位，通过对上下游企业现金流、进销存、合同订单等信息的掌控，依托自己资金平台或者合作金融机构对上下游企业提供金融服务的模式。供应链金融是供应链管理的参与者作为组织者，对供应链金融资源进行整合，为其他参与方的资金提供渠道的一种融资方式。对于大数据金融的供应链金融模式，京东金融、苏宁金融无疑是典型代表。它们是在海量的交易数据基础上，以信息提供方或担保方的方式和银行等机构合作，对产业链条中的上下游进行融资的模式。在此合作模式中，京东、苏宁等龙头企业以未来收益的现金流做担保，获得银行的授信，为供应商提供应收账款保理融资等贷款。它们起到的对信息进行确认审核、担保或提供信息的作用，并没有在实质上为用户提供资金的融通，这一职责仍旧由银行或别的资金供给方担任。

第二节　云计算与云金融

一、云计算的概念

云计算是一种服务，由一个可配置的共享资源池组成，用户能够按需使用资源池中的网络、服务器、存储设备、应用和服务等资源，几乎无须花费任何精力去管理。相比传统的自建或租用数据中心方式，云计算让用户能够像使用水、气、煤和电一样使用 IT 基础服务。

在云计算出现之前，传统的 IT 部署架构是"烟囱式"的，即"专机专用"系统。在这种部署架构下，一个应用系统部署在一个服务器上，再配套存储设备和网络连接。因此，如果用户希望建设一个属于自己的网站，需要先找 IT 服务商租用硬件设备，通过每年支付一笔昂贵的租金获得网站的计算、存储和网络资源，之后网站的建设、维护都要自己负责。应用系统较多、规模较大的企业，如互联网公司、银行等，往往会建立自己的数据中心，配置服务器、存储设备等硬件。在有新的应用系统要上线的时候，通过分析其资源需求，确定基础架构所需的计算、存储、网络等设备的规格和数量。在这种部署模式下，硬件的配置和应用系统需要的 IT 资源很难完全实时匹配。

云计算利用虚拟化技术的云基础架构有效地解决了传统基础架构的问题。相比烟囱式的传统部署架构，云基础架构在原有的计算、存储、网络硬件层的基础上增加了虚拟化层和云层。通过将基础硬件设备虚拟化，屏蔽了硬件层自身的差异性和复杂度，形成统一资源池，并通过云层对资源进行统一调度，支持不同应用系统实时的动态调整资源需求，实现真正的资源按需配置，不仅提升了 IT 资源的利用效率，而且有效降低了应用系统对于硬件的依赖性，保障系统稳定。

二、云计算在互联网金融行业的应用

（一）金融数据处理系统中的云应用

应用云计算构建云金融数据信息处理系统，可以帮助金融机构带来以下变革：

1. 降低金融机构运营成本

云概念最早的应用便是亚马逊（Amazon）于 2006 年推出的弹性云计算（Elastic Compute Cloud，EC2）服务。其核心便是分享系统内部的运算、数据资源，以达到使中小企业以更小的成本获得更加理想的数据分析、处理、储存的效果。而网络金融机构运营的核心之一，便是最大化地减少物理成本和费用，提高线上（虚拟化）的业务收入。云计算可以帮助金融机构构建"云金融信息处理系统"，减少金融机构在诸如服务器等硬件设备上的资金投入，使效益最大化。

2. 使不同类型的金融机构分享金融全网信息

金融机构构建云化的金融信息共享、处理及分析系统，可以使其扩展、推广到多种金融服务领域。诸如证券、保险及信托公司均可以作为云金融信息处理系统的组成部分，在全金融系统内分享各自的信息资源。

3. 统一网络接口规则

目前，国内金融机构的网络接口标准大相径庭。通过构建云金融信息处理系统，可以统一接口类型，最大化地简化诸如跨行业务办理等技术处理的难度，同时也可减少全行业硬件系统构建的重复投资。

4. 增加金融机构业务种类和收入来源

上述的信息共享和接口统一，均可以对资源的使用方收取相关的费用，使云金融信息处理系统成为一项针对金融系统同业企业的产品，为金融机构创造额外的经济收入来源。

（二）金融机构安全系统的云应用

基于云技术的网络安全系统也是云概念最早的应用领域之一。现如今，瑞星、卡巴斯基、江民、金山等网络及计算机安全软件全部推出了云安全解决方案。其中，占有率不断提升的 360 安全卫士，更是将免费的云安全服务作为一面旗帜，成为其产品竞争力的核心。所以说，将云概念引入金融网络安全系统的设计当中，借鉴云安全在网络、计算机安全领域成功应用的经验，构建"云金融安全系统"具有极高的可行性和应用价值。这在一定程度上能够进一步保障国内金融系统的信息安全。

（三）金融机构产品服务体系的云应用

通过云化的金融理念和金融机构的线上优势，可以构建全方位的客户产品服务体系。例如，地处 A 省的服务器、B 市的风险控制中心、C 市的客服中心等机构，共同组成了金融机构的产品服务体系，为不同地理位置的不同客户提供同样细致周到的产品体验。这就是"云金融服务"。事实上，基于云金融思想的产品服务模式已经在传统银行和其网上银行的服务中得到初步的应用。金融机构可通过对云概念更加深入的理解，提供更加云化的产品服务，提高自身的市场竞争力。

三、云金融和云支付

（一）云金融的概念

云金融是指基于云计算商业模式应用的金融产品、信息、服务、用户、各类机构，以及金融云服务平台的总称，云平台有利于提高金融机构迅速发现并解决问题的能力，提升整体工作效率，改善流程，降低运营成本。从技术上讲，云金融就是利用云计算机系统模型，将金融机构的数据中心与客户端分散到云里，从而达到提高自身系统运算能力、数据处理能力，改善客户体验评价，降低运营成本的目的。

云金融应用的一项重要业务就是云支付，下面我们以云支付为例，探讨学习云支付的基本概念以及云金融如何改变传统的互联网金融模式。

（二）云支付的概念

云支付指的是基于云计算架构，依托互联网和移动互联网，以云支付终端为载体，为包括个人、家庭、商户、企业在内的客户提供以安全支付为基础的结算、金融业务、信息、电子商务、垂直行业应用、大数据等各种云服务的新一代支付模式。自银行卡诞生后，传统的现金支付逐渐被方便快捷的卡支付代替，卡支付发展到云支付阶段具体的发展过程可分为如下三个阶段：

1. 第一阶段

传统 POS 机形态单一，业务功能仅限于收单。本阶段支付产品主要是基于 NAC 通信技术的非自主 POS 工具，功能较为单一，采用点对点人工维护升级，应用场景多为商户 / 商场收单，代表性产品如银联商务收单 POS 机。

2. 第二阶段

传统 POS 机持续发展，电话 POS 机的诞生促进了银行收单客户群迅速扩大。该阶段电话 POS 机（固网支付终端）诞生，它是一种针对批发市场中小商户的可以受理借记卡刷卡结算、转账付款、查询余额等业务的银行卡受理终端。它将非现金业务范围从单一的商户扩展到批发市场及个人用户、便利店及家庭，收单范围有了较大的横向扩充。在业务功能上，增加了自助类的金融支付服务，如信用卡还款、手机充值、水电煤缴费等，促进了银行在存款、理财及其他中间业务规模的提升。典型产品如交通银行家易通、邮储商易通等。

3. 第三阶段

支付"云—管—端"一体化架构形成，云支付商业模式潜力巨大。从市场终端方面看，其采纳云计算、移动互联网技术，基于 MTMS 系统实现升级，从而使用户可根据远程下载和远程信息需要对系统能力进行均衡，能够支持几乎所有"金融＋商业"等非现金服务，在用户群体上实现了全民覆盖。

（三）云支付的特征

1. 云支付具有更好的可普及性

云平台能够通过浏览器或者应用软件直接访问，所以，云支付对基础设施的要求更低，手机、平板电脑等都可以成为云支付的终端设备。

2. 云支付能够加快交易速度

强大的计算能力使每笔交易都能在云平台上实时得到处理。同时，支付请求的处理在云平台上完成，提高了交易的自动化程度，使交易更加迅速。

3. 云支付具有更高的安全性

在云支付过程中，支付者的相关数据储存在云端，交易请求也在云平台上处理，因此，支付信息不需要在机构之间传输。数据流动过程的简化有效降低了信息泄露的风险。同时，云端的安全防御体系比手机等终端设备和通信传输网络更加完备。

4. 云支付具有更强的可扩展性

云支付能够与其他应用相结合而形成电子支付生态系统，由于基础设施的限制，为了使系统能够稳定运行，传统的电子支付系统功能比较单一，而利用云平台的接口，支付系统能够与其他应用相联系，云端的计算能力保证了系统的平稳运行。

第三节 人工智能与智慧金融

一、人工智能概述

（一）人工智能的概念

人工智能（Artificial Intelligence）的英文缩写为 AI。它是研究、开发用于模拟、延伸和扩展人的智能的理论、方法、技术及应用系统的一门新的技术科学。人工智能是计算机科学的一个分支，它企图了解智能的实质，并生产出一种新的能以与人类智能相似的方式做出反应的智能机器，该领域的研究包括机器人、语言识别、图像识别、自然语言处理和专家系统等。人工智能从诞生以来，理论和技术日益成熟，应用领域也不断扩大，可以设想，未来人工智能带来的科技产品，将会是人类智慧的"容器"。人工智能可以对人的意识、思维的信息过程进行模拟。人工智能不是人的智能，但能像人那样思考，也可能超过人的智能。

近年来，人工智能技术不断精进，逐渐从实验室走向生活领域，不断渗透到各行各业中去。目前来讲，最易受冲击、最容易切入的领域便是金融业，目前国外有不少金融机构都在尝试使用人工智能来代替传统的人工操作，助力其工作效率的提高以及成本的降低。

（二）人工智能的应用领域

人工智能技术也越来越多地被应用在金融交易中，主要被运用到以下领域：信用评估 / 直接贷款、助理 / 个人金融、量化和资产管理、保险、市场研究 / 情绪分析、贷款催收、企业财务和费用报告、通用 / 预测分析以及监管、合规和欺诈识别领域。

二、智慧金融的概念和特点

（一）智慧金融的概念

智慧金融是指依托互联网技术，运用大数据、人工智能、云计算等金融科技手段，使金融行业在业务流程、业务开拓和客户服务等方面得到全面的智慧提升，实现金融产品、风控、获客、服务的智慧化。金融主体之间的开放和合作，使得智慧金融表现出高效率、低风险的特点。

（二）智慧金融的特点

具体而言，智慧金融的特点有透明性、即时性、便捷性、灵活性、高效性和安全性。

1. 透明性

智慧金融解决了传统金融的信息不对称问题。基于互联网的智慧金融体系，围绕公开透明的网络平台，共享信息流，许多以前封闭的信息，通过网络变得越来越透明化。

2. 即时性

智慧金融是传统金融在互联网时代服务演化的更高级阶段。在智慧金融体系下，用户应用金融服务更加便捷，用户也不会愿意再因为存钱、贷款，去银行网点排上几个小时的队。

3. 便捷性、灵活性、高效性

在智慧金融体系下，用户应用金融服务更加便捷。金融机构获得充足的信息后，经过大数据引擎统计分析和决策，就能够即时做出反应，为用户提供有针对性的服务，满足用户的需求。另外，开放平台融合了各种金融机构和中介机构，能够为用户提供丰富多彩的金融服务。这些金融服务既是多样化的，又是个性化的；既是打包的一站式服务，也可以由用户根据需要进行个性化选择、组合。

4. 安全性

一方面，金融机构在为用户提供服务时，依托大数据征信弥补我国征信体系不完善的缺陷，在进行风控时数据维度更多，决策引擎判断更精准，反欺诈成效更好；另一方面，互联网技术对用户信息、资金安全保护更加完善。

智慧金融的实现是基于大规模真实数据分析，因此，智慧金融的决策更能贴近用户的需求。智慧金融代表未来金融业的发展方向，相较于传统金融，智慧金融效率更高，服务成本更低。

三、智能投顾的概念及应用

（一）智能投顾的概念

智能投顾是人工智能＋专业投资顾问的结合体，也被称为机器人投顾，是指利用大数据分析、量化金融模型以及智能化算法，并结合投资者的风险承受水平、财务状况、预期收益目标以及投资风格偏好等要求，为其提供多元化、自动化、个性化的资产配置建议，并对组合实现跟踪和自动调整。

智能投顾的理论基础是马克维茨的投资理论。投资者的投资组合选择可以简化为两个因素，即投资组合的期望回报及其方差。以方差衡量风险，可通过分散化降低风险。给投资者的风险偏好和相关资产的收益与方差，最优投资组合有唯一解。利用人工智能的计算能力，通过调查问卷等对投资者进行快速的财富画像，确定投资者的风险偏好等级，根据一定的算法为投资者自动实现最优资产配置。

传统投资顾问是以投资顾问的专业素养和从业经验为基础，结合投资者的资产状况、风险偏好、预期收益等，为投资者提供专业的投资建议。智能投顾将人工智能引入投资顾问领域，通过搭建的数据模型和后台算法，提供相关的理财建议。和传统投资顾问相比，智能投顾具有低费用、低门槛、易操作和高透明度等优势。

（二）智能投顾服务流程及主要内容

智能投顾服务流程包括客户分析、大类资产配置、投资组合选择、交易执行、投资组合再选择、税收规划、投资组合分析。

智能投顾服务的主要内容包括做好客户情绪管理和给予投资策略或建议两方面。人工智能通过作用于投顾服务链的客户分析、大类资产配置、投资组合选择环节和投资组合再选择环节，帮助投资顾问在各环节做好客户情绪管理和给予投资策略或建议。

1. 做好情绪管理（客户分析）

通过大数据获得用户个性化的风险偏好及其变化规律，人工智能算法可以帮助投资者更有效评估他们的长期投资目标、真正的风险偏好，甚至在情绪受到影响时为他们做出更理性的判断并与他们进行沟通。相对于传统投顾的人为沟通环节，智能投顾一方面在一定程度上做到了降本增效；另一方面在于这种风险偏好可以实时进行动态数据采集和计算，减少一定的滞后性。

2. 给予投资策略或建议

（1）大类资产配置

根据用户个性化的风险偏好，结合投资模型定制个性化的资产配置方案，同时利用互联网对用户个性化的资产配置方案进行实时跟踪调整。

（2）投资组合选择

投资组合选择是依据前两个步骤得出的进一步结论。客户分析是测量出好的风险偏好参数，大类资产配置是形成不同风险偏好的资产组合，投资组合选择是完成前两步的一一对应。在这个环节，智能算法辅助投资策略生成以及量化投资策略。

（3）投资组合再选择

投资组合再选择主要是指随着外界（宏观事件、市场、投资者偏好）的变化，智能算法会进行实时分析和调整。如果资产投资配置偏离目标资产配置过度，投资组合再选择可以实施动态资产配置向静态资产配置的重新调整（自动风控／自动调仓）。

3. 智能投顾的主要应用

（1）数据搜索引擎

过去复杂的查询和逻辑判断依赖人工完成，现在用知识图谱和机器学习作为人工的辅助。

（2）自动生成报告

分为结构化数据和生成叙述文章两大步骤，从技术出发可以看作自然语言理解和自然语言生成（＋可视化），总体来说，即解析文本，提取出关键信息嵌入相应的报告模板，自动生成报告。

（3）人工智能辅助量化交易

采用的技术主要有机器学习、自然语言处理和知识图谱。机器学习主要用于从数据到模型的量化建模，自然语言处理主要用于解析非结构化文本并纳入量化模型，知识图谱则主要用于从知识关联的角度去进行逻辑推测。利用机器学习技术，结合预测算法，可以依据历史经验和新的市场信息不断演化，预测股票、债券等金融资产价格的波动及波动间的相互关系，以此来创建符合预期风险收益的投资组合。其中，前两类也在为人工智能辅助量化交易打基础。

（三）智能投顾的发展

近年来，在金融科技浪潮下，智能投顾开始兴起，成为金融界的头等热门话题。从业界发展趋势来看，初创公司多以技术为主导，依附传统金融机构做市场的拓展，传统金融机构也在试水智能投顾。智能投顾在近年来的发展主要得益于大数据和计算力的提升，其优势在于降低了投资门槛，吸纳了更大规模的投资群体。智能投顾将人工智能和大数据等技术引入投资顾问领域，可以处理海量的信息，快速应对时势，故其具有门槛低、费用低、投资广、操作简单、透明度高和个性化定制六大优势，对中产及长尾客户进行全覆盖，实现全民理财，普惠金融。同时，得益于 FinTech 2.0 的互联网、移动互联网应用的增多和数据的积累，利用大数据识别用户风险偏好可以做到千人千面，一方面相对传统理财顾问的面对面沟通方式，智能投顾在一定程度上可以做到降本增效；另一方面，在投资面前，人非草木，恐惧和贪婪的情绪会随着市场的涨跌、收入水平等因素的变动而波动，大数据识别对风险偏好可以进行实时动态数据采集和计算，减少一定的滞后性。

智能投顾的局限在于，凡涉及认知层面的东西，人工智能多少有点措手不及。到目前为止，人工智能的优越性主要体现在计算力上，从感知、认知递进的层面来看，目前还停留在感知向认知层面攀爬的过程，中间横着一个瓶颈期有待挑战；同样，在智能投顾领域，计算机还无法完全替代人类，在一些关键时刻还是需要依靠专业经验来做决策，比如，识别风险偏好这个环节，其中的关键是客户有时候实际表达的与其真实风险偏好其实是有差异的，但凡涉及认知层面的东西，如果完全依赖计算机将会导致一些特殊风险的出现。

第四节　区块链金融

一、区块链的定义及应用场景

（一）区块链的定义

区块链是指通过去中心化和去信任的方式集体维护一个可靠数据库的技术方案。该技术方案主要让参与系统的任意多个节点，通过使用密码学方法相关联产生数据块，每个数据块中包含了一定时间内的系统全部信息交流数据，并且生成数据指纹用于验证其信息的有效性和链接下一个数据库块。

区块链的设计初衷是开发比特币等加密数字货币的基础技术，以便在未知网络中与未验证实体进行交易，进一步解决有价值信息的传播和去中心化问题。在截至目前的这一代互联网和移动互联网技术中，一直没有解决网络信任问题，导致必须通过机构传递和中转有价值的信息，如通过银行传递交易与中转资金信息，通过 Uber 传递打车需求和中转支付信息，通过阿里巴巴传递和中转货物买卖信息等。

区块链技术去掉了中介担保过程，以点对点的方式让在线支付能够直接由一方发起并支付给另外一方，中间不需要通过任何的金融机构或中介机构。这个过程也适用于其他任何有价值的信息传递，而且整个过程不可篡改。

区块链是一种可以完全改变金融系统底层设计的技术，因为可以实现所有市场参与人对市场中所有资产的所有权与交易信息的无差别记录，所以可以完全消除清算和托管等在交易前中后进行所有权确认的中间环节。另外，区块链作为一种电子信息记录，可以结合计算机算法实现交易的自动化，即智能合约。区块链结合其他金融技术有许多衍生应用，每种均可以将一类市场中介替代。区块链之于金融服务，如同 TCP/IP 协议之于互联网。一旦底层标准得到认可与普及，类似比特币和 R3 区块链联盟的具体应用将会出现在金融服务的每个角落。

区块链让互联网上完全陌生的两方，可以不用建立信任关系而直接点对点交换有价值的信息，而全网信任是由底层技术保证的。所谓区块，就是把比特信息加上时间截组合在一起形成一个信息块，再把信息块互相连接起来形成一个链条，彼此互相验证。任何节点都可以随时加入或离开这个链条，整个链条每隔一段时间就更新一次，修改信息通过全网广播到所有节点，所有节点通过算法达成共识后认可并存储修改的内容到各自的数据库里，全链共享一个大的分布式数据库（共享账本），每个节点的小数据库通过某种方式存储全部信息或部分信息，而这个数据库对链内成员是透明和实时可见的。

（二）区块链在金融行业中的应用场景

区块链对于金融行业和社会金融基础设施来说具有革命性的影响，尤其是社会金融体系的变革颠覆了现有的商业体系和商业模式。区块链具有超越金融服务、深刻影响整个数字世界并成为网络交易技术基础的巨大潜力。它还可能极大地改变多变的商业网络，从而大幅度降低成本和风险并创新业务模式，因此，银行和风投一直热衷于对该领域进行投资。

从本质上说，必须有多方参与才能构成区块链，一家企业或一个人是无法形成区块链的。因此，区块链实际上就是产业链，这才是区块链的真正意义所在。把一个产业上下游的企业都纳入一个区块链中，再加入银行和金融机构，就能形成一个产业互联网，而且是基于一个全行业共享账本的产业互联网。基于区块链的产业互联网和产业生态圈，将彻底打破本产业内企业的边界，银行和其他金融机构也才能创造出真正创新的、有创造价值的金融产品。

二、区块链金融及其应用

（一）数字货币：提高货币发行及使用的便利性

比特币的崛起颠覆了人类对货币的概念。比特币及其他数字货币的出现与扩展正在改变人类使用货币的方式。人类从使用实物交易，发展到使用物理货币及后来的信用货币，这都是随着人类的商业行为及社会发展而不断演进的。随着电子金融及电子商务的崛起，数字货币安全、便利、低交易成本的独特性，更适合基于网络的商业行为，将来有可能取代物理货币的流通。也正是比特币网络的崛起，让社会各界注意到其背后的分布式账本区块链技术，并逐渐在数字货币外的众多场景中获得开发和应用。

（二）跨境支付与结算：实现点到点交易，减少中间费用

当前的跨境支付结算时间长、费用高，又必须通过多重中间环节。拥有一个可信任的中介角色在现今的跨境交易中非常重要，当前跨境汇款与结算的方式日趋复杂，付款人与收款人之间所仰赖的第三方中介角色更显得极其重要。每一笔汇款所需的中间环节不仅费时，而且需要支付大量的手续费，其成本和效率成为跨境汇款的瓶颈所在。如每个国家的清算程序不同，可能导致一笔汇款需要 2 ~ 3 天才能到账，效率极低，在途资金占用量极大。区块链将可摒弃中转银行的角色，实现点到点快速且成本低廉的跨境支付。通过区块链的平台，不仅可以绕过中转银行，减少中转费用，而且区块链安全、透明、低风险的特性，提高了跨境汇款的安全性，以及加快结算与清算速度，大大提高了资金利用率。未来，银行与银行之间可以不再通过第三方，而是通过区块链技术打造点对点的支付方式。省去第三方金融机构的中间环节，不仅可以全天候支付、实时到账、提现简便及没有隐性成本，也有助于降低跨境电商资金风险及满足跨境电商对支付清算服务的及时性、便捷性需求。

（三）票据与供应链金融业务：减少人为介入，降低成本及操作风险

票据及供应链金融业务因人为介入多，产生了许多违规事件及操作风险。票据业务在创造了大量流动性的同时，相关市场也滋生了大量违规操作或客户欺诈行为，陆续有多家商业银行的汇票业务事件集中爆发。国内现行的汇票业务仍有约 70% 为纸质交易，操作环节处处需要人工，并且因为涉及较多中介，存在管控漏洞，违规交易的风险提高。供应链金融业因为高度依赖人工，在业务处理中有大量的审阅、验证各种交易单据及纸质文件的环节，不仅花费大量的时间及人力，而且各个环节都有人工操作失误的可能。

实现票据价值传递的去中介化。长久以来，票据的交易一直存在一个第三方的角色来确保有价凭证的传递是安全可靠的。在纸质票据交易中，交易双方的信任建立在票据的真实性基础上，即使在现有的电子票据交易中，也需要通过央行 ECDS（电子商业汇票）系统的信息进行交互认证。但借助区块链的技术，可以直接实现点对点的价值传递，不需要特定的实物票据或中心系统进行控制和验证；中介的角色将被消除，也可减少人为操作因素的介入。

供应链金融也能通过区块链减少人工成本、提高安全度及实现端到端的透明化。未来通过区块链，供应链金融业务将能大幅减少人工的介入，将目前通过纸质作业完成的程

序数字化。所有参与方（包括供货商、进货商、银行）都能使用一个去中心化的账本分享文件并在预定的时间和达到预期结果时自动进行支付，将极大地提高效率及减少人工交易可能造成的失误。例如，区块链技术公司 Wave 已与巴克莱银行达成合作协议，将通过区块链技术推动贸易金融与供应链业务的数字化应用，将信用证与提货单及国际贸易流程的文件放到公链上，通过公链进行认证与不可篡改的验证。基于区块链的数字化解决方案能够完全取代现今的纸笔人工流程，实现端到端完全的透明化，提高处理的效率并减少风险。

（四）证券发行与交易：实现准确实时资产转移，加速交易清算速度

证券的发行与交易的流程手续繁杂且效率低下。一般公司的证券发行，必须先找到一家券商，公司与证券发行中介机构签订委托募集合同，完成烦琐的申请流程后，才能寻求投资者认购。以美国的交易模式为例，证券一旦上市后，交易极为低效，证券交易日和交割日之间存在三天的时间间隔。

区块链技术使得金融交易市场的参与者享用平等的数据来源，让交易流程更加公开，透明、有效率。通过共享的网络系统参与证券交易，原本高度依赖中介的传统交易模式变为分散的平面网络交易模式。这种革命性交易模式在西方金融市场的实践中已经显现出三大优势：①能大幅减少证券交易成本，区块链技术的应用可使证券交易的流程更简捷、透明、快速，减少对功能重复的 IT 系统的依赖，提高市场运转的效率。②区块链技术可准确实时地记录交易者的身份、交易量等关键信息，有利于证券发行者更快速和清晰地了解股权结构，提升商业决策效率；公开透明又可追踪的电子记录系统同时减少了暗箱操作、内幕交易的可能性，有利于证券发行者和监管部门维护市场。③区块链技术使得证券交易日和交割日时间间隔从 1～3 天缩短至 10 分钟，减少了交易的风险，提高了交易的效率和可控性。

参考文献

[1] 尹燕飞. 一带一路建设中农业走出去的金融创新模式研究 [M]. 北京：中国商务出版社，2022.

[2] 靖研，明振东. 科技金融金融促进科技创新 [M]. 北京：中国金融出版社，2022.

[3] 朱丹. 科技金融、科技创新与产业结构升级 [M]. 北京：企业管理出版社，2022.

[4] 赵茂. 中国技术创新的金融发展路径研究 [M]. 北京：社会科学文献出版社，2022.

[5] 许嘉扬. 农村金融金融发展与农民收入 [M]. 北京：中国金融出版社，2022.

[6] 陆岷峰，毛富国. 金融科技赋能新说 [M]. 北京：中国金融出版社，2022.

[7] 张绍红，吕新发. 金融廉政文化研究 [M]. 长春：吉林大学出版社有限责任公司，2022.

[8] 黄国平，唐平娟. 基于区块链技术的供应链金融研究 [M]. 长春：吉林大学出版社有限责任公司，2022.

[9] 胡方作. 互联网金融创新创业教程 [M]. 武汉：武汉大学出版社，2021.

[10] 韩汉君. 金融创新与金融中心建设 [M]. 上海：上海交通大学出版社，2021.

[11] 于海静. 互联网 + 商业银行供应链金融创新 [M]. 北京：中国金融出版社，2021.

[12] 杨菁. 农村数字普惠金融创新发展研究 [M]. 北京：中国金融出版社，2021.

[13] 张晓萌. 金融创新背景下投资型保险法律规制问题研究 [M]. 武汉：武汉大学出版社，2021.

[14] 周志刚. 金融创新、技术进步对中国商业银行绩效影响研究 [M]. 武汉：华中科学技术大学出版社，2021.

[15] 刘勇，孙鲁. 中国金融科技创新 [M]. 北京：中信出版集团股份有限公司，2021.

[16] 刘变叶，张雪莲，郑颖等. 金融科技结合的路径创新 [M]. 北京：中国经济出版社，2021.

[17] 房茜茜，赵强. 数字金融产业创新发展研究 [M]. 长春：吉林人民出版社，2021.

[18] 刁生富，冯利茹. 重塑大数据与数字经济 [M]. 北京：北京邮电大学出版社，2020.

[19] 袁国宝. 新基建数字经济重构经济增长新格局 [M]. 北京：中国经济出版社，2020.

[20] 李宏兵. 数字经济战略下中国企业"走出去"的劳动力市场效应研究 [M]. 北京：北京邮电大学出版社，2020.

[21] 尹丽波. 数字经济发展报告 [M]. 北京：电子工业出版社，2020.

[22] 卢福财. 数字经济评论 [M]. 北京：中国商务出版社，2020.

[23] 姚建明. 数字经济规划指南 [M]. 北京：经济日报出版社，2020.

[24] 杜庆昊. 数字经济协同治理 [M]. 长沙：湖南人民出版社，2020.

[25] 龚勇. 数字经济发展与企业变革 [M]. 北京：中国商业出版社，2020.

[26] 王世渝. 数字经济驱动的全球化 [M]. 北京：中国民主法制出版社，2020.

[27] 叶秀敏，姜奇平. 数字经济学系列丛书：数字经济学管理 [M]. 北京：中国财富出版社，2020.

[28] 陈煜波，马晔风. 数字化转型：数字人才与中国数字经济发展 [M]. 北京：中国社会科学出版社，2020.

[29] 裴莹. 数字经济发展丛书：数字经济发展促进价值链攀升 [M]. 北京：经济管理出版社，2020.

[30] 贺俊. 新一代固网与中国数字经济发展 [M]. 北京：中国社会科学出版社，2020.

[31] 姚建华. 数字经济中的劳工组织 [M]. 北京：商务印书馆，2019.

[32] 常玉苗，李双玲. 数字经济与创新创业管理实务 [M]. 北京：中国经济出版社，2019.

[33] 张彬. 数字经济时代网络综合治理研究 [M]. 北京：北京邮电大学出版社，2019.

[34] 全颖，郑策. 数字经济时代下金融科技信用风险防控研究 [M]. 长春：吉林人民出版社，2019.

[35] 王建冬，陈建龙. 迈向数字经济 [M]. 北京：社会科学文献出版社，2019.